U0073426

寫給所有 *30+* 女人的魅力指南

卡洛琳・狄・梅格赫 & 蘇菲・瑪斯 —— 著

安妮・貝荷斯特 & 奧黛莉・狄旺 —— 合作執筆

Older, But Better, But Older
by Caroline de Maigret and Sophie Mas
with the collaboration of Anne Berest and Audrey Diwan

「除非你是乳酪，否則年齡不重要。」

*

——路易斯・布紐爾 ₁

＊本書註解皆為譯註。

1. Luis Buñuel（一九〇〇─一九八三），西班牙國寶級電影導演、編劇、製片，代
   表作有《安達魯之犬》、《青樓怨婦》等。

妳知道
一切都
回不去了

當妳起床覺得神清氣爽，結果每個人都說妳滿臉倦容。

當妳為了檢查痣是否異常而找上皮膚科醫生，結果他問妳希望把玻尿酸打在哪裡。

當三十歲的男子前來參加派對，結果正眼都沒瞧過妳。

當妳從他的個性就知道，他會是哪一類型的情人。

當法國總統都比妳年輕。

當妳宿醉的次數多過狂歡次數。

當妳認真認為在床上親熱，好過在淋浴間。

當妳上健身房增加心肺能力，而不只是鍛鍊腹肌。

當妳發現每天都要上妝。

**當妳看著二十歲的照片，心想以前真是容光煥發，
其實當年覺得難看無比。**

當妳不再認得最夯的演員或歌手。

當別人說妳眼神性感迷濛，其實妳瞇眼是因為懶得拿眼鏡。

當妳說妳從對方還穿尿布時就認得他們。

當妳提到十年前的秘辛，才發現時間已經過了二十年。

當妳寧可早點上床，免得第二天沒精神。

當妳開始發現，傳記還挺有意思。

當妳想到要回家就很開心。

當和妳共事的人在妳畢業那年出生。

當人們不再問妳是否打算再生一胎。

當年輕女性說，希望有一天也能長得像妳一樣。

當妳找婦產科醫生，目的是做乳房攝影，而不是開避孕藥。

當妳覺得這裡痛那裡疼，擔心人生盡頭就不遠了。

當一邊眼睛比另一邊小。

當妳選出生年份，滑鼠滑半天都滑不到。

當手機臉部辨識功能早上認不得妳。

當人們說「以妳這個歲數來說，妳超辣。」

當妳聽到年輕女子天真的談話只會微笑，以前卻會覺得她蠢。

當妳以為臉上只是枕頭的壓痕，結果一週後都沒消掉。

妳的
第一次

以前，妳的人生都是為了體驗第一次。初吻，口乾舌燥，心跳加速。第一次領薪水，金額少到三晚就用完。第一次上夜店，底妝厚到猶如塗牆，想在門口唬弄圍事，又害怕他們識破。初次帶曖昧對象回家，父母一臉錯愕，又深表同情。初次單獨去烏漆嘛黑的電影院看恐怖片，初次自己開上高速公路，心驚膽顫地握著方向盤。初次正經八百地報稅，自覺已經成年。初次出乎意料地遭人拋棄，然後走出情傷——連妳自己都沒料到。或是妳失去童貞，發現一切都沒改變。初次在妳第一間公寓過夜……那些歡樂、悲傷、腎上腺素激增的片刻可能是妳人生新篇章的開始，也可能是某一章的句點。回想起這些幫助妳成長的片刻，妳不禁莞爾。儘管初次的新體驗已經越來越少，也不能說沒有，只是以嶄新的形式、更複雜的樣貌呈現。

幾年前第一次看到自己長白髮，並不特別震驚，因為有些朋友二十五歲就有少年白。

但這個第一次卻讓妳恍惚又沮喪，初次看到那根突兀的白色陰毛對妳送秋波，妳彷彿遭到當頭棒喝。起初妳希望只是眼花，結果不然，再次驗證、拉扯，它屹立不搖，哪兒也不去。妳眼裡只有它，它也得意洋洋，欣然成為讓妳矚目的焦點。**這正常嗎？**妳還沒準備好，還早呢。妳知道某些部位不可能永遠不變，所有人都不例外，但妳根本不想要這個初次體驗。

正當悲傷的情緒快淹沒妳，妳想起十五歲就冒出來的白金色眉毛。妳很熟悉它的存在，它不時會長回來，質地較粗、永遠只有一根，這根幾乎透明的眉毛總長在左邊眉峰。以前它獨一無二，現在有了同伴。如果這個新夥伴堅持獨立，妳也只能接受，只要它別呼朋引伴就行。

回想起這些幫助妳成長的片刻，
妳不禁莞爾。

妳人生的
第二摯愛

＊他也許不是李奧納多・狄卡皮歐，但不會在第一次約會後就人間蒸發。

＊你們來自不同國家，但有一樣的想法。

＊他不如妳所想像，幸好現實勝過小說。

＊他的毛髮並不濃密，但懂的字彙豐富。

＊他沒把年輕歲月拿去追浪，但讀過《老人與海》。

＊他無法短跑趕上公車，但認得所有捷徑。

＊他已經有過幾個孩子。太好了，妳也是。

當妳認真認為在床上親熱，
好過在淋浴間，

妳知道
一切都回不去了。

YOU KNOW THINGS AREN'T
WHAT THEY USED TO BE

WHEN IN
ALL HONESTY
YOU'D RATHER
HAVE SEX
IN BED THAN IN
THE SHOWER.

誰說男人可以
更優雅地老去？

妳和高中同學聚餐，大概每兩年才能見到這群老友，而且大家還要大費周章排空檔。

重新看到這些笑容、關愛的眼神，聽到兒時趣聞，妳好開心。但是環顧四周，再仔細想想，妳驚覺這些女人都好美。她們走過人生低潮、有過各種戰功，也經歷不同的苦難。但她們的共通點是努力維持體態，維持性感魅力……總之都保持她們自己喜歡的形象。

男人呢？兩者可真是天差地遠……
目光停留在他們身上時，妳漸漸明白男女都相信的臺詞背後，其實有其真理。我們都以為男人就像好酒，越陳越香。我們說大叔有魅力。我們不斷重複，男人的皺紋代表他們的經歷，只會讓他們看起來更性感。他們腰上的贅肉更能讓女人放下戒心，因此也很可愛。所以他們何必努力？有何必要呢？只是有些人搞不清楚大叔和老土歐吉桑的差別，以為魚尾紋和臉色黯沉無異，以為可以胖個一兩公斤，就肆無忌憚頂個大肚腩。

因為世人對待男女不一的雙重標準，女人自以為已經輸了戰場，為了維持容貌，更是卯足全力。妙的是，如果從另一個角度檢驗，摒棄所有世俗成見，就算不說女人老得更優雅，上了年紀也不失萬種風情。

有效期限

這是例行公事,她幾乎每年都固定去做身體檢查,只是不太熱中,彷彿要去監理處。她得做乳房超音波、抹片、量血壓、體重,**月經都正常嗎?**這次的對話內容卻牽涉到更隱私的層面。

妳想要孩子嗎?

她不想和婦產科醫生討論人生,卻聽到自己回答,語氣彷彿是跟心理醫生諮商(只不過兩腿張開,踩著腳蹬):想,她以後還是想生兒育女,但現在單身,目前不打算自己撫養孩子。

時間一分一秒流失囉。

一片靜默。這些字句在診間流連忘返。

有沒有考慮凍卵?

她的未來就這麼被決定,還蓋上有效日期,不會再聽到

「沒關係，妳還有時間。」其實這就是含蓄地說：「妳這麼多年是搞什麼鬼？」，或是更冷酷的，「又一個自以為是男人的傢伙。」

老實說，她的確有這個想法。她的奶奶爭取到投票權，母親那年代才得到性解放，得以避孕、離婚、墮胎；她則掙到和男性一樣的權利（至少她這麼認為），不依賴任何人，成功也不必感到愧疚，或是照自己規劃生養孩子。

這不是不肯認清事實，而是努力實現目標──無論是工作、獨立生活等等，她都抱持同樣的態度。沒錯，我辦得到。道理很簡單，就是她還沒找到合適的對象，才剛剛了解自己，鞏固一手建立的事業版圖。生兒育女？晚點再說吧。她還年輕、健康、踏上滑步機走半小時也不會氣喘吁吁。懷孕？再說吧！她知道許多女人都過了四十歲才生第一胎，不必擔心文獻的統計數字。

幾個斷斷續續的詞彙打斷她的思緒，婦產科醫生叨叨絮絮地說排卵模式、荷爾蒙、活化卵子、療程、打針、開刀。什麼鬼？！她縮在突然變得浩瀚無比的椅子裡，再不情願也漸漸了解眼前這個男人的意思。三十五歲之後，生育率就降低，所以許多夫妻伴侶無法「懷孕」……但是也可以

爭取時間。

她從未考慮凍卵，至少沒幫自己想過。她無法擺脫紙盒放在冰箱的蠢畫面，毫無詩意可言——令人聯想到精心策劃、充滿計算、妥善保管……這不是與愛情南轅北轍嗎？愛情是邂逅巧遇、是天雷勾動地火，無可預測又心甘情願。她接受的絕對是傳統教育，從小信仰的是另一個世紀（其實也不過是二十世紀）的信念。醫生建議她想一想，如果要開始就得約下次看診時間，但他也警告，無法保證冷凍卵子一定能受精。

出了診所之後，她失魂地在皮包裡撈鑰匙、發動車子，就想回到一小時前的人生。

＊　＊　＊

她該找人討論，還是什麼都別說？往後幾天，她反覆試驗，發現這個話題是大忌；會威脅到所謂的女性神秘感（女人沒有器官，也沒生理時鐘問題，她們就是有辦法從兩腿中間製造新生命），尤其觸及在繁衍後代這個領域失敗的羞愧、恐懼，觸及單身的議題，還關係到錯過最佳生育機會（資本主義注重績效的鐵律也滲透到閨房）。

很快地，大家打開話匣子，各種相互牴觸的意見紛紛出現。有人早就秘密凍卵，有人認為這種做法忤逆天道，有人純粹覺得害怕。最後她依舊得靠自己決定。

她抓起處方箋，鼓起勇氣去藥房領了刺激排卵的針劑。她不太明白，也有點緊張，但是她掌握主旨：總之就從下次生理期做起。

下次經期的第一天，就要展開全新體驗。她與身體就此展開一段新關係：而且名副其實地，親力親為。她捏起下腹部，插入小針筒，發現她其實下得了手，疼痛的程度也在可容忍的範圍內，這時她彷彿拿下第一城。她知道自己可以堅持下去。她尤其感謝構成她這個肉身的軟組織、血管、器官、細胞，也能接受她賦予這具軀殼的任務。

二十天過去。不孕診所中冷冰冰的候診室裝的是黑玻璃，人們才不會看到對方。脫離常規總讓人覺得羞愧，她垂著頭，怯生生地往前走。後來的事情都發生得很快：整個過程在半小時之內結束，麻醉藥效褪去之後，她醒來感到頭暈目眩，接著便覺得克服恐懼頗有成就感，現在她有九顆卵子用液態氮冷凍。事實就這麼簡單，她卻覺得全身千瘡

百孔，體內、心中似乎有場海嘯排山倒海而來。她覺得自己重要的一塊被取走，有一部分的ＤＮＡ消失了。

* * *

往後幾天，她不時感到悲痛，卻也覺得更自由。她的荷爾蒙正在急速下降，她有許多問題，但她也知道這是人生新篇章。這次手術不只是醫療程序，更像重新開機、軟體升級，就為了實現自我。她探索自己的渴望，引發一連串問題時，再也無所畏懼。她真的想要孩子嗎？如果不能找到合適伴侶，又能不能單獨撫養孩子長大呢？

隨著日子恢復忙碌的節奏，她發現送了自己一份重要厚禮，就是一個新選擇。她因此爭取到更多時間墜入愛河，而不是為了戀愛才戀愛。有著恐怖影響力的時鐘滴答聲再也嚇不了她，猶如定時炸彈的滴答聲響曾在體內不斷迴響，如今已經消失。每當她想起微小的卵子，想起她自己的精髓存放在攝氏零下一九六度的珍珠白試管中，就覺得輕鬆快活，因為她知道未知的將來觸手可及。

妳以為臉上那道刻痕只是枕頭的壓痕，
結果一週後都不消散，

妳知道
一切都回不去了。

YOU KNOW THINGS AREN'T
WHAT THEY USED TO BE

When you think
that's a pillow mark
on your cheek,
but it's still there
a week later.

左右為難

白酒害妳心悸	紅酒害妳牙齒發黃
臀部多了幾公斤贅肉	跑步導致膝蓋發疼
瘦削的臉龐增添幾道皺紋	瑜伽悶得妳兩眼無神
叫「女士」還年輕	稱「小姐」已經過熟
跟小鮮肉約會，就像飢渴熟女	找年長者交往，彷彿被包養
午夜之後回家	早上八點之前起床
選購防曬係數最高的產品，整臉塗得死白	選擇黝黑膚色，承擔魚尾紋
染髮導致髮質受損	接受白髮，自尊受損
避免看起來像妳老媽	接受妳已經到了妳媽的年紀

就是多了 那麼 幾分

妳一到派對會場,目光就緊跟著他不放。他那麼英俊、自信,眾人如癡如狂地圍繞在他身邊。妳從沒見過他,卻一眼就喜歡他。他的魅力立時擄獲妳,妳馬上就能想像兩人長相廝守。妳可以想像那個畫面:你們在南法的小屋共度夏夜,兩人坐在木桌邊描繪未來,微醺地啜飲粉紅酒。孩子已經入睡,日間的餘溫尚未散逸。

他捕捉到妳的目光,過來閒聊。你們大笑、喝酒,覺得彼此投緣,他吻妳,在妳家度過那一晚。

妳已經許久沒覺得在男人身邊如此開心。每件事都恰到好處,他撫摸妳的動作幾乎可說是充滿濃情蜜意。他認為妳很美,讚美的次數不多也不少,很快就低聲說出甜言蜜語。提到自己時,他也知道何時踩煞車,不會叨叨絮絮說些瑣碎日常,只提對他有重大影響的事情。這個男人不一樣,他活在當下,完全不是妳近年交往的類型,那些乏味

又神經質的人連自己要什麼都不知道。事實上，他完全沒提過他想要什麼，他的層次更高，心情更平靜，態度更有自信。妳對他有強烈的吸引力，他會在午休時傳熱情簡訊，想要立刻占有妳，卻又行蹤飄忽，來去一陣風，妳快被他逼瘋，而且是陷入愛情漩渦那種瘋法。

妳喜歡他的神秘氣質。妳對他認識不深，網路上所能查到的資訊都與工作有關，你們也沒有共同朋友。妳不知道當初邀妳參加派對的兒時朋友皮耶是否認識他。妳打給他，約在樓下咖啡館碰面。妳把這段小火花告訴他，說妳多麼幸運，終於找到泰然自若的男子，也許妳終於可以定下來。原來找對人，所有問題都能迎刃而解！下次妳要記得（或者再也沒有下次），如果不覺得各方面都合拍，根本不需要繼續浪費時間。不合適就拉倒。皮耶，這個男人就是多了那麼幾分，妳無法仔細說清楚，總之其他人和他相比，差距可不只十萬八千里。

皮耶脹紅臉，低頭看著地面，輕輕說：**「親愛的，妳說得對，他的確多了那麼幾分，那幾分其實舉足輕重，就是一個老婆和兩個孩子。」**

承認
自己的焦慮

我不喜歡自己的臀部，就是不喜歡。打從十七歲夏天開始，我就討厭我的屁股，因為夜店有個男人過來搭訕，說我臀部下垂。

我不認識他，他可能喝醉了，也可能是利用我們對自己沒自信的弱點當搭訕臺詞。他也許希望我覺得，整個派對上，只有他可能對我這麼荒腔走板的身材有興趣。能找到這麼無私、心胸寬人的對象，我還真幸運。

他的話有極大殺傷力。我終於解開背後的謎團，除了我自己，所有人都能看到。以前我後知後覺，恬不知恥亂走一通，往後可無法這麼輕鬆。

隔天早上，我想出獨特的沙灘走路技巧。從沙灘巾起身，

走到海裡，我就像螃蟹般打橫走，骨盆移動的方式格外奇怪。我到現在都保持這種荒謬舞步，深信別人就不會看到我的臀部。

幾週後的九月早晨，關鍵問題來了：高三開學日要穿什麼？這下麻煩可大了。

我沒有寬鬆長褲，只好去翻哥哥的衣櫃。我找到一條褐色西裝褲，趕快套上，再用皮帶繫好。至於上衣，我借用他的白襯衫，多解開一顆扣子，才能模仿心儀的偶像凱瑟琳·赫本[2]，我向來欣賞她的俐落優雅。這身打扮達到最基本的目的，效果還相當不錯。同學都稱讚我的新造型。

那是我第一次想辦法設計風格、發揮魅力。我漸漸明白，只要更注重細節，結果會更有意思。這條寬褲不只遮住我不喜歡的部位，還為我帶來無所顧忌、我行我素的帥氣。因為自身條件不足，我打造出自己喜歡的迷人風格。

只是這椿美事竟然是夜店不知名的無聊男子促成。

2. Katherine Hepburn（一九〇七一二〇〇三），美國演員，唯一四度拿下奧斯卡影后的人，也是首位穿長褲領獎的女星。作品包括《誰來晚餐》、《金池塘》等。

這條褲子
為我帶來無所顧忌、我行我素的帥氣。

一次又一次，
妳依舊不記得

……不該在度假時還打算處理工作。

……**妳的酒量有多差，總以為自己還能喝上五杯。**

……陪姻親旅行一週實在太難受。事實上，光和他們一
　　起過週末都要命。

……**新戀情都有不同的缺點，可能是工作狂，可能是遠距**
　　離，有時甚至是前妻和孩子。

……不能每場仗都親自上陣。不能把每件事都放在心上。

……**快樂需要自律，而且來自於妳。**

……妳的大姨媽快到了，所以才這麼易怒。

……妳只能照燈光打得好的鏡子。妳的心情才重要，不是妳的樣貌。

……即使戀情一塌糊塗，也比無聊煩悶有意思。

……運動對妳的思緒很重要。

……混帳先生打給妳，妳依舊不記得妳當時為何在通訊錄中幫他取這個綽號。總要過了一會兒，妳才想起來。

化妝秘訣

光陰流轉的好處，就是妳學會哪些東西適合妳，妳巧妙運用襯得妳容光煥發的顏色和材質。以前妳以為，一旦學會個中訣竅，就能用上一生一世，但妳沒考慮到年齡增長。妳的皮膚每天都更鬆垮、輪廓更模糊、臉色更黯沉。

以下為妳的新容貌提供幾個小秘訣：

＊冬天的光線較差，妝容濃一點，看上去更有精神。

＊從現在開始，花更多時間整理亂髮，絕對值得。

＊妳的皮膚已經不如往昔柔嫩，盡量不要抹太多東西上去。

＊如果一早起來特別疲累，拿冰塊敷臉和眼下，這種方法由來已久。千萬別把冰塊直接放在皮膚上，找塊布包著，輕輕摩挲臉孔，一定要由下往上。眼膜放在冰箱冷藏也是好方法。

氣色

*想看起來容光煥發可要小心了,最好選擇有光澤的粉
　底。小秘訣就是混合乳液(不要加太多)和妝前乳。

＊有光澤感的妝容比霧面妝感讓妳看起來更年輕。選擇能撫平細紋的輕透粉底液、粉餅或多用途面霜，不要用油基妝底霜，否則會放大瑕疵。

＊選用腮紅膏，不要撲太多腮紅粉。臉上的細紋會卡粉，反而欲蓋彌彰。

眼妝

＊要突顯眼睛，就在眼睛上緣勾勒黑眼線。

＊化煙燻妝下手不要太重，會讓妳的臉色黯淡，強調眼袋。可選用顏色較淺的深色眼影。

＊畫眼線時，在畫到眼角之前就將線條往上勾，不要往下垂。目標是畫出自然的貓眼。

＊別用虹彩眼影，只會讓皺紋更明顯，請選擇霧面眼影。

＊打亮內眼角，因為這個部位會隨著年齡變深色。

＊夾睫毛，讓眼睛更有神采。

＊不能再不擦睫毛膏，因為妳的睫毛已經不如往昔濃密。

＊米色、棕灰色、褐色、古銅色永遠不褪流行。如果膚色較黝黑，可以嘗試紫色、藍色或與膚色互補的顏色，例如酒紅色、櫻桃色、紅褐色、巧克力色和紫紅色。

眉毛

*照顧好每根眉毛，因為它們會越來越稀疏。先往下刷，
　補畫稀疏的部位，再往上刷，用透明眉膠固定，也有助
　於拉提眼皮。
*用栗子色或深棕色的眉筆，不要用黑色。

口紅

*因為嘴唇輪廓越來越模糊，別用唇筆描得太過頭，否則
　只會突顯周圍的細紋。反而要用遮瑕膏描輪廓，才能讓
　嘴唇更飽滿。
*顏色過深的口紅只會讓妳看起來更蒼老。

基斯・理查茲[3]
會怎麼做呢？

著名的《Vogue》雜誌總編黛安娜‧佛里蘭[4]生前常說：「人們必須開眼界。」一九六〇年代，這本雜誌由這位奇女子掌舵，對藝術家和知識分子多所著墨，這不只是表面功夫，他們代表的是更深奧的意義，反映形式與物質之間的重要對話。因為靈感絕對不只影響到時尚，否則我們的重點就只著重於服裝，與風格無關。

取自藝術的風格是一種了然於心，是接受我們自身的缺陷，繼而做出最大的發揮。風格是一種哲學，引領我們前進的每一步，又能根據各時期的繆思有所變化。
風格是征服世界的方法，吸取世界芬芳。我們透過獨到、不同的品味加以篩選，再創造出我們自己的風格。

我們模仿的三個繆思是：

我們套上喜歡的外套，但一絲不苟的剪裁又近乎老氣。這時只要問自己一個簡單的問題：**基斯‧理查茲**會怎麼做呢？他可能會搭配低腰長褲、襯衫一半的鈕扣都解開，露

出胸膛和互相纏繞的幾條項鍊，一點也不擔心打扮得太過招搖。

馬克·羅斯可[5]：這份名單怎麼會冒出一個畫家呢？羅斯可教導我們色彩學，告訴我們，用互補色更能突顯紅色；舉例而言，如果要將搶眼的藍色服裝穿得更出色，就能運用這種強烈的概念，利用橙色系的配件平衡，創造出別致又妙趣橫生的效果。說得直白一點，我們打開衣櫃不會立刻想起羅斯可。但我們在博物館的時間不是虛度，有些事情會在我們的心中發芽成長，從遠方捎來靈感。

葛麗絲·瓊斯[6]：讓人看到，年齡也能幫助我們解放自我。我們可以同時呈現兩種時尚宣言，而不僅限於一種，又不必擔心太過顯擺。大紅唇膏＋大墊肩或螢光緊身褲＋男孩子氣的平頭……是鮮明的風格，也十分醒目。隨心所欲，想怎麼樣都行，只要妳敢做敢當。

3. Keith Richards（一九四三─），英國吉他手，滾石樂團的創始成員。
4. Diana Vreeland（一九〇三─一九八九），法國傳奇時尚編輯，工作堅持大膽奢華的風格和創意，也因此被迫離開雜誌社。
5. Mark Rothko（一九〇三─一九七〇），猶太裔美籍的表現主義畫家。
6. Grace Jones（一九四八─），牙買加模特兒、歌手、演員。

愛情
是場 **遊戲**

當妳脫單，愛情成了妳心中的重要大事。妳從多年的激情戀愛中抽身，因為如同所有激情的愛情長跑，最後注定玉石俱焚。**現在妳再度回到單身市場，以為外面的世界照舊，一如妳當年離開時的模樣。**妳想像自己會過段短暫卻愉快的單身生活，趁機喘口氣。妳宣布消息，希望得到朋友的支持，聽到睿智的建議。結果他們的確有話要說，說得更精準一點，他們只有一個建議，而且無論措辭如何變化，其實說的都是同一件事：妳下載那個軟體了嗎？個人檔案寫了嗎？

閨蜜擔心妳。大家都認為剛結束感情的女人只想著一件事：找到下一段。然而這個願望很難實現。朋友馬上提供最新消息：今後妳的戀情（或性生活）就全看一種妳非玩

不可的**遊戲**了。這是全球規模的角色扮演遊戲，人們透過網路虛擬分身展現自我，這個分身不是真正的他們，卻又有幾分真實；這麼做都是為了避免往後面對現實的尷尬。如今所有人都在網路上交友，以前流於飯後閒聊的罕見途徑，現在卻是全球共通的普遍方式。沒有智慧型手機？那就沒辦法調情。手機沒電？抱歉喔，魚水之歡就向妳說掰掰。老友阿傑幾個月前恢復單身，嘲笑妳的天真和震驚的表情。妳這十年都去了哪裡？這個問題簡單，妳過著開心的安定生活（原本以為會天長地久），活在自私的小泡泡裡；別人敘述他們成功的一仗和灰頭土臉的戰役時，妳總是左耳進右耳出。對妳而言，網球、體育競賽才需要比劃較量，可能發展成戀情的花前月下則不需要。

「愛情就是一場比賽，」阿傑微笑。掛著兩個黑眼圈的阿傑似乎筋疲力盡，「我很累，但我很快樂，」他說。他當然填了個人資料，努力交友，也填滿所有行程。他和網路上許多女人同時聊天，彷彿照顧整支電子雞兵團。他必須照顧她們，用甜言蜜語當飼料，讓每個對象都相信自己最重要。阿傑大笑承認，有時他會搞糊塗，同一個故事說了又說，某些人因此看出他的馬腳。他似乎即將成為性愛方面的非政府組織，因為每個人都能分到一杯羹，來者不拒。他同時和男人、女人上床，一度墜入愛河……這場遊戲帶來全新的刺激，他讚揚放飛自我有多新奇，又有多大的吸引力。

然而妳仍然不想下載軟體，不想走上這條路，妳覺得這就像去求職中心找對象，似乎只要有機會就不能推辭。沒錯，世道艱難，市場上的男性數量極少。這也難怪，因為女人都追求穩定的關係。然而這種遊戲是無限迴圈，這種遊戲的設計原理就是讓人們找到對象又保持單身，不斷追尋下一個。在這些有計畫的邂逅之後，妳總覺得每段關係都經過精心設計，絕對不會長久。人們認識短暫時日，很快又會躁動不安，因為螢幕上又會有新的電子雞亟需關切，而且每個都這麼可愛。無可避免地，他們又回到交友軟體的懷抱。這場遊戲沒完沒了，簡直是惡性循環。

如果妳對自己百分之百誠實，其實妳不參加還有其他原因。自從分手之後，妳對自己的身材不太有自信。這副軀殼已經上了年紀，和前任在一起時，妳沒察覺歲月的沉重，你們一起度過這麼多年，兩人如同照鏡子，條件都差不多。你們一起豐腴了一點，一起多了幾道皺紋。因為有伴侶，妳的時空似乎凍結，外界不會苛責妳，事事似乎都順著妳。現在裸體攬鏡自照，只看得出一件事：妳不再是二十歲。那就像妳戴上眼鏡，終於看清所有輪廓，還看得太清楚。妳嚴厲地檢視過胖的臀部，膝蓋附近的皮膚猶如發皺的亞麻布。當然啦，肚臍下面還有他名字的首字母刺青。根本不必費唇舌解釋，男人一看就懂，更明白刺青底下就是二手貨。妳擔憂以後再也不可能有高潮，因為這些念頭就足以教妳心煩意亂。妳刪除阿傑（那個叛徒）鬼鬼祟祟下載到妳手機的軟體。

母親節，妳回老家小鎮探望媽媽。原來妳真的想花時間陪陪她，她是重要的避風港，分開生活這幾年反而讓妳們母女更親近。小時候的家代表以往熟悉的世界，父親默默地看報（實體報紙），母親覺得悶也不會告訴他。生活就這樣日復一日地過下去。現在看來，這種異性戀霸權的老派風格簡直是小清新。準備離開時，妳才發現忘了訂回程機票，也許妳潛意識就想多留一陣子。果不其然，火車班班

客滿，父親從報紙中探出頭，建議妳使用共乘軟體。妳嚇
了一跳，竟然連他老人家都臣服於新科技帶來的方便。也
許這就暗示妳也該試試看。

妳找到有興趣的貼文。三十二歲的特瑞一小時後要離開，
他的評價很高，是安全駕駛，個性也很幽默。妳貼出個人
檔案，傳送要求給他，然後開始等候。過了十分鐘，沒有
動靜。妳不由自主想刷新網頁，覺得焦慮，又期待又怕受
傷害。最後終於收到通知，特瑞拒絕妳的請求。花惹發！
共乘司機都不鳥妳？

妳最近絕對不會加入 Tinder，至少這是妳目前的想法。

當法國總統都比妳年輕，

妳知道
一切都回不去了。

YOU KNOW THINGS AREN'T
WHAT THEY USED TO BE

WHEN THE PRESIDENT OF FRANCE IS YOUNGER THAN YOU.

不完美最完美

還記得高中時期的人氣王女生嗎？她們天生麗質，一口潔牙，而且完全不受青春期荷爾蒙困擾，不像我們其他人一臉痘痘、發出腳臭，還有慘綠少年的煩惱。她們可以早餐吃巧克力牛角麵包、嘴饞時的甜點是糖粉可麗餅、酥皮小圓餅，卻連半公斤都不會胖。這些人是女王蜂，命運彷彿早就決定發給她們一手好牌，男生就像雨後春筍般圍著她們冒出來，她們只需稍微彎腰，就能選出一個。

後來她們怎麼了呢？

妳已經幾年沒聽過她們的消息……其他女孩——妳絕對不會料到的同學——彷彿遮掩了風雲人物的光采。這些女孩當年沒那麼耀眼、完美，但能善用手邊的資源。有些人甚至將缺陷轉化為特色，可能認為大鼻子很性感，或是不太平整的牙齒其實很可愛。

這些不完美才是個人特質的強項，可惜少女都痛恨，成為熟女之後才知道好好珍惜。我們正好利用這些缺點，重新詮釋美的標準，不理會（有時甚至挑戰）一般大眾的批評。因為我們勇敢做自己，勝利女神都對我們微笑。

我們很幸運，喜歡自己天生的長相。當然，也可能不喜歡。無論如何，我們還有一輩子可以洗刷不公平的批評。

當妳宿醉的次數多過狂歡次數，

妳知道
一切都回不去了。

YOU KNOW THINGS AREN'T
WHAT THEY USED TO BE

WHEN YOU HAVE MORE HANGOVERS THAN ACTUAL PARTIES.

更好的屁屁

我永遠忘不了，你始終是我人生的一部分，
你總是留在我身邊（背後）。
每一步你都在——
我卻覺得你見不得人：

你就像兩個偌大的月亮，
屁屁啊屁屁，我永遠躲不掉你。
如果我是你的地球，
他媽的，為什麼我的人生反而繞著你轉？

一九九○年代，
流行的屁屁必須小巧可愛，
所以我慌張塞好襯衫，
希望你就此歸隱深山。

我以為你是禍害，
怎麼哄騙，你就是不肯離開。
我想把你放入框架。
不吃不喝，就希望你日漸消瘦。
我晨思夜想，就希望你聽話照辦。

我把所有過錯都叫你吞下，
沒想到自己才是被成見綁架。
社會認為女人應該扁平削瘦，
只有一個尺寸能讓大家接受。
只准燕瘦，不准環肥。
隨著歲月流轉，我的想法逐漸改變，
我發現自己過去多麼愚蠢，

以為你瘦下來，我才會開心快樂。
我不該隨波逐流，
畢竟今日潮流就是明日黃花。

我對身材的看法已經成熟，也有所不同。
現在知道這個臀部永遠不離不棄，
以後我不再隱藏曲線，
我的身體終於可以得到應得的寵愛。

我應該向你道歉。
請永遠留在我的身邊。
儘管保持有肉、渾圓。
你根本無須改變。
儘管放肆展現。

也許世界多所批評，
我依然要驕傲自清：
愛你喔，我的屁屁。

中年危機

妳不斷聽著同一首歌，腦中想著某一個人。妳不想認真做事，每天只肯不甘不願地當幾個小時的成年人，維持表面的假象。然而在妳心中，妳已經飄到幾萬里遠，覺得自己再度回到十五歲的荳蔻年華。

妳正經歷十足的中年危機。沒人警告過妳，就算有，也可能是解釋得太差勁。對妳而言，危機兩個字就代表恐怖、痛苦。只有健康、住房、工作才有危機。

妳不明白，這種危機可能是甜蜜時光，可能形同假日。妳會放下一手打造的事業版圖，就為了專心享受，為了進行讓妳心跳加快的趣事，為了再次感受到前所未有的盎然生氣。

妳以為，只有男人才有中年危機；以為這種問題只鎖定落伍的老男人，他們無法接受自己要禿頭，才想方設法保持年輕。妳從未想過自己也會碰上，沒想到妳會跳上這班雲霄飛車，從未覺得如此輕鬆愉快，將悔恨都丟入風裡；妳以為道德觀會暫時放妳一馬。
妳看其他女人，觀察這些擦肩而過的陌生人，納悶他們當中是不是有許多人都像妳一樣，懷有同樣秘密：一切並非一成不變，至少有些事情還有空間。

所以妳寫下這段文字，保留這段回憶，紀念這些矛盾的心情──這種既開心又害怕的情緒──這種情緒的力量、明智程度，大概等同荷爾蒙亂飆的少女所寫的日記。妳已經發現，這個階段很快就會結束，畢竟危機的本質就是不會長存。謝天謝地。

整形手術

在法國，如果拉皮被看穿，就等於手術失敗。

這是文化、品味的問題，不是評斷其他女人和整形的關係。總之。我們都對這個話題感興趣，都想知道敢嘗試的女人有何感想。我們上網搜尋整形前、整形後的照片，接著感到躊躇不前，考慮斟酌⋯⋯我們心裡浮現一千個問題。

優・缺點

*我不想看起來像是某人的失敗版。（－）

　　　　＊我希望看起來就像是更美的自己。（＋）

*我不想以皺紋為恥。（－）

　　　　　　　　　　＊何必拒絕進化？（＋）

*我希望我的吸引力可以維持到越老越好。（＋）

　　　＊我想學會如何用不同方法施展性魅力。（－）

*不再為鼻子感到害羞改變了我的人生。（＋）

　　　　　　＊隆乳手術失敗差點要我的命。（－）

*我為什麼要因為別人的看法改變自己？（－）

　　　　＊我這不是為了別人，是為了自己。（＋）

*只要我自己不覺得困擾，我寧可再等等。（－）

　　　　＊我希望盡可能不要摸到奇怪硬塊。（－）

*越早開始動刀，以後越少皺紋。（＋）

　　　　　＊我不想有任何手術後遺症。（－）

*我不想毀容。（－）

　　　　　　　　＊我不想要一張老臉。（＋）

*我希望可以驕傲地照鏡子。（＋－）

當妳提到十年前的秘辛，
才發現時間已經過了二十年，

妳知道
一切都回不去了。

YOU KNOW THINGS AREN'T WHAT THEY USED TO BE

When you share an anecdote from ten years ago and realize it's actually been twenty.

我討厭

*這個雙層雙眼皮

*別人稱我女士

*看到我的皮膚變得鬆垮

*和二十歲的人出去時，別人問我是不是他們的母親

*每天早上必須化妝

*那個帥哥看都不看我一眼

*人們看我的護照

*頭髮變得花白

*每次吃下可口美食，體重就要多一公斤

*爸媽生病

*那張照片不可能是我吧

*必須表現得有責任感

*變老

隱形女子

以前我就是派對上那個神秘女子，那些男孩總是這麼稱呼我。如今他們稱我「女士」，而且通常是因為他們有求於我……**女士，可以借根菸嗎？**真是令人意外（呃，至少我很意外）。蝙蝠俠早就警告過：他說，世事無常。然而我們是白癡，從來不聽勸。

問題在於世事是一點一滴改變，就像下巴周圍的皮膚，或是氣候變遷的影響。我們要花一點時間，其實是很長的時間，才會發現大勢已去。

就我而言，大概花了幾個月，甚至幾年才恍然大悟。**我不再是男人搶著打情罵俏的女孩**，無法不花錢就有酒喝，不再是舞池焦點，男人不再緊張兮兮地來要電話，也不再有男人護送回家。

我成了「隱形女子」。人們雖然過來攀談，目光還越過我的肩膀搜索其他對象，臨別時丟下一句「我去拿酒，很高興認識妳」，我黯然神傷又口乾舌燥。

此後，我有幾個選擇：

第一就是留在家裡。不再參加派對，不再上館子、泡夜店，不再參加婚禮，成為不喜社交、九點就要上床的掃興鬼。雖然可以節省時間，人生卻枯燥乏味。

或者，我也可以專挑平均年齡都比我大的聚會。例如慈善晚會、歌劇表演、退休派對或二婚、三婚婚宴。雖然無聊到死，至少我還是「小姐」。

我需要第三個方案,這個方案可以讓大家再度看到我,**態度會有所轉變**。參加派對時,我不再等人對我行注目禮,不再假裝若無其事地在酒吧一角等人向我要電話,我化守為攻,當自己的先發部隊,主動出擊,打開話匣子。

想當然爾,妳必須拋開自尊,偶爾也會被潑冷水(**妳是我媽認識的哪個阿姨嗎?**)。接下來,妳在舞池裡放開,不再彆彆扭扭,盡情享受音樂。妳主動獵豔,不再任人擺布。妳開心大笑,不是皮笑肉不笑。就算隻身回家又如何?就算派對上的女孩比妳嫩、比妳美又如何?妳會含笑入睡,這可比晚霜便宜,回春效果更是一樣好。

密碼

沒有人考慮過他們的無線網路密碼。妳隨便使用搬家日期當密碼，接著就丟給電腦自動儲存，然後把這件事拋到九霄雲外。這可不成，總有一天，有人問，「妳家無線網路密碼是什麼？」妳寧可不說，因為實在太不像話。對方可能會以為這組字另有深意，以為妳有意傳達某種想法：Glamour30（魅力三十），噁爆了。妳一說出口就覺得有必要解釋，不是，這不是妳喜歡的字，也不是妳用來描述自己的辭彙，只是因為當年妳搬進來時，在那家雜誌社上班，當時剛好三十歲。妳因此想起自己曾在女性雜誌社上班，而且離三十這個歲數已經很遙遠。真的，就是魅力三十。猶如一九九〇年代的俗氣流行歌曲。

快速問過朋友一遍，妳發現犯這個錯的人不只有妳。某個朋友用自己和前夫的姓當密碼，**如今他們的名字只在這個地方依舊相連，猶如可怕的性姿勢**；現在兩人已經老死不相往來。另一個朋友用 rocknroll（搖滾樂）當密碼，紀念

她全心全意投入音樂的青春。但是哪個德高望重的中年婦女可以說出這個密碼，別人還不誤會她忘不了少女時期？另一個朋友用路由器附的密碼，那是一連串沒有意義的字母和數字，她根本沒抄下來（至今都找不到），因為她以為不會在那裡住太久。結果她始終沒搬走……

妳開始明白這組密碼暗示的心理狀態，也了解這組密碼如何詮釋當初傻傻創造這組密碼的人。這個密碼代表了一個時刻，就像永遠留在網路上的醜陋快照。妳想回到過去，換掉門鎖，卻不知道該怎麼做。妳最近讀到一篇關於電腦工程師的文章，內容提到他們如何為大眾設計資訊系統。妳注意到有個辭彙不斷出現：直覺式。簡而言之，這些系統是設計給年輕人，他們不必多加思索就會使用。然而妳找半天，按了又按，暗自咒罵，連續試了十次，也按過所有按鈕，依然無效。妳開始怒火中燒，對電腦說話，語氣甚至很尖銳。他媽的，靠。沒有用，從現在開始，妳屬於

另一個類別，就是反直覺。其實這個詞就是委婉表示妳已經跟不上時代，妳和妳的密碼都落伍。妳只好認命，當個「魅力三十」的三十歲女郎，永遠活在過去。

更糟的是，妳明天要回爸媽家吃飯。妳雖然不想去，還是逼自己，就像個乖巧的「魅力女孩」，這下妳永遠忘不掉這個代號了。令堂一邊擺餐具，一邊向妳報告叔伯阿姨的最新狀況，儘管妳根本沒問起。突然間，妳聽到奇怪聲音，妳的母親突兀轉身，把智慧型手機用力放在桌上。她早告訴過妳的父親，她不想用這個爛東西，這個機器不斷發出無可忍受的噪音。她寧可用以前的舊手機，簡單、容易操作，只能用來撥接電話，沒有其他多餘的功能。妳小心翼翼地拿起她的手機，關掉「震動」模式，還給母親。好了，這樣就沒事了。妳發現，母親的眼裡充滿崇拜，妳代表青春，妳是現代的產物。妳細細品嘗這種心情，享受這個小小勝利。沒錯，也許妳無法更改密碼，但妳在這裡至少還能假裝。突然間，在這個步調飛快的神奇世界，在這個一眨眼就讓妳落伍的世界，科技幫妳和家人重歸於好。

「二十歲的面容是上天給你的，
五十歲的面容由你自己決定。」

*

——可可‧香奈兒

當妳不再認得最夯的演員或歌手，

妳知道
一切都回不去了。

YOU KNOW THINGS AREN'T
WHAT THEY USED TO BE

When you no longer know
who all the hip actors
or singers are.

變老
卻更好

妳發現二十年前的照片，驚嘆妳以前的身材，那具胴體簡直青春得不成體統。妳忘記那個渾圓、結實的身材曾經叫人垂涎欲滴，曾經那麼純真、清新。妳不敢相信，自己以前竟然痛恨這個身體，竟然侮辱它、時常咒罵它**這裡**不夠豐滿、**那裡**太多贅肉。這個可憐的身體不夠格，因為胸部不夠大、腹部不夠平、大腿太粗、屁股太扁……今天，妳後悔當初竟然沒來由地煩惱，竟然浪費時間自怨自艾，其實妳根本就是豔光四射。妳很完美，卻不自知。生養幾個孩子之後，妳每天都懷念以前不斷抱怨的身材，如今時間都刻劃在妳的皮膚和肌肉上。

但是……

奇怪的是……

如今這具千瘡百孔（這次可不是妄自菲薄）的身體帶給妳

的快感遠勝於往昔。

妳回想拍這張照片時期的性生活，乏善可陳，因為一塌糊塗，因為妳不夠了解自己，也可能是因為妳沒探討自己的真正欲望。學習將近二十年，妳漸漸了解真正的自己。現在妳可以把自己的身體當成難以照料、不易取悅的精緻樂器演奏，雖然困難，但妳已經成為個中翹楚，也清楚記得每組和弦。

妳允許自己嘗試以往絕對不敢的事物，對自己的欲望也直言不諱。

妳不再想示範自己能隨機應變，反而傾聽妳的床伴、傾聽妳自己的需求。

妳毫不猶豫，直接詢問對方的喜好。

妳不觀察自己，妳尋找情人和妳自己的快感來源。有時妳只找到妳自己的，也接受這種不可或缺的自私情緒。妳不在乎對方是不是滿意妳的床上功夫，因為不見得每次都是乾柴烈火。重要的是妳每次都全心投入，不是模仿色情影片，而是找到歡樂、提供快感。

如今妳的性生活更精采、更熱情，也比擁有完美身材的當年更隨心所欲。難得有一次，變老真的更好。

當妳找婦產科醫生，
目的是做乳房攝影，而不是開避孕藥，

妳知道
一切都回不去了。

YOU KNOW THINGS AREN'T
WHAT THEY USED TO BE

WHEN YOU GO TO
THE OB-GYN FOR
MAMMOGRAMS RATHER
THAN BIRTH CONTROL.

針頭就是武器

妳想向科學、醫生、相關人士致意，感謝他們讓人類又跨出重要一步。妳認為我們應該公開承認，整形對爭取性平權至關緊要。不，妳沒開玩笑，妳真心認為那些針頭就是政治武器，肉毒桿菌不只能拯救皺紋，還能修正生物基本的不公平之處。原因如下：

妳從小就相信，我們應該努力建立男女平等的世界，讀到那篇兩性荷爾蒙的文章之後，對這點更是深信不疑。「男性更年期」最近才修正名稱為 LOH，也就是遲發型性腺功能低下症（late-onset hypogonadism）。為什麼？因為男性年紀漸長，男性荷爾蒙濃度減少，但他們的身體還是持續製造雄性素。但女性荷爾蒙最後會完全消失，徹底停止供應，就像輪子滾啊滾，最後一定會倒下、停住。**結論就是：大自然之母是個討厭鬼，可能還厭女**，竟然不照顧同性別的姊妹。所以男、女對抗時間消逝的武器並不平等。

此外，如果女人覺得有必要整形（又有選擇的餘裕……），當然有權利做她想做的事情。她有權利改善皺紋以及她的身體所經歷的生理衰頹。她有權利把握時間，照自己的意思扭轉乾坤。坦白說，就是重新把轉盤調回零。她有權力反抗帶有性別歧視又刺耳的措辭「老母牛」，也就是法文中的「年邁肌膚」。妳很高興人類的智能已經找到女人原罪的解決之道，整形手術的存在不是要不要動刀，而是女人有權利選擇。

妳告訴自己，
妳正在運動
（其實不然）

好比刷牙時繃緊臀部。

好比等電梯時，再度繃緊臀部。

好比最後終於決定走樓梯。

好比做愛時。妳在雜誌上讀到做愛消耗的熱量大概每次
有一百五十卡路里，積沙成塔嘛。

好比一手抱起孩子，再定時換手抱。孩子就等於啞鈴。

好比（喝酒）跳舞時。妳說服自己，流汗就是動到肌肉（不
是身體透過皮膚毛孔排出酒精）。

好比開會快遲到，妳快步健走。妳告訴自己，競走也是
一項運動，妳快走趕著準時開會就是健身。
好比妳做燉飯時，直挺挺站兩個小時，規律攪拌食材。

好比騎單車上班，直到後來單車失竊。那個月運動量挺大的。

好比看電視轉播足球賽，妳大聲吶喊支持心儀球隊，最後筋疲力竭，還說「我們踢得不賴」。

好比妳洗三溫暖時。因為妳認為這也等於「運動」。

好比妳長時間憋尿。

好比妳試圖記起某件事情，因為記憶力也是一種肌肉啊。

這一刻糟透了

妳沒想到會遇到她，至少不要是今晚，不是這副德性。之前妳跟這女孩約會過，約了幾週，或許是幾個月。妳對她有著美好回憶⋯⋯有點模糊⋯⋯但頗愉快。此刻她正微笑向妳走來，為了跟妳打聲招呼，但妳手足無措。妳想平空消失，想鑽進地洞。為什麼？因為妳該死地想不起她的名字。茱麗葉？嘉布葉拉？妳忘了並非因為曾經擁有無數戀人，不不不。妳記不得只是因為⋯⋯事隔多年！妳覺得好尷尬，好想逃。這些是妳深埋內心的時刻之一，妳未曾對任何人提起，而且也不是什麼光彩的事⋯⋯

其他糟透了的時刻：

有一次某人問妳幾歲，妳無辜地少報了一歲。最糟的是妳根本無意說謊——妳只是還沒完全意識到自己又老了一歲。

公司所有人都覺得某位女同事好迷人，妳卻覺得她無趣又做作。有一天妳突然了解自己那麼討厭她的原因，純粹只是妳嫉妒她。因為說實在話，她唯一且最大的缺點，就是她比妳年輕很多。

當妳的髮型師推薦妳剪某種髮型，理由是能減齡。或當女服務生稱呼妳「女士」，而妳安慰自己，她故意這麼說是為了激怒妳。

當妳發現某個與妳同齡的女人看起來比妳老……而妳暗自竊喜，自己保養得比較好（妳不知道她對妳是否也有同樣想法）。

所以我們全都一樣，內心其實不如我們想像中美好。但知錯能改，善莫大焉，對吧？

當妳光想到要回家就興高采烈，

妳知道
一切都回不去了。

YOU KNOW THINGS AREN'T
WHAT THEY USED TO BE

When you're excited
just to go home.

今早妳環顧妳的小公寓，看著窗外距離近到令妳不甚滿意的鄰居，妳突然幽閉恐懼症發作。接著妳想著當年用過高價格，買下這間陰暗的二樓小套房，於是妳下了結論：**顯然哪裡出錯，而且必須改變。**

用不著一路回溯到達爾文的理論，身為喚醒自己動物特質的人類，妳知道自己來自大自然，需要大自然。在這灰色水泥叢林中，這回妳可以找一間公園附近的類似公寓，來平息對葉綠素的劇烈需求——讓我們誠實面對，妳上次滿足這個需求，靠的只是妳那杯莫希托上的薄荷葉。

妳決定看看房地產廣告（這無害吧？）。如果妳夠幸運，找到視野開闊的房子，陽光灑下樹葉空隙，想像這對妳的生活品質會造成多大影響。唉，看了幾間房子，妳的夢想迅速觸礁：如果房子在公園附近，與妳現在住的套房坪數相當，房價就會衝破天際……彷彿對所有城市人說，只要住處稍微靠近樹木，代價就像入住五星級飯店

嚮往
綠意盎然

的景觀套房。

只是出於好奇，如果妳再往更遠的地方找，跨出城市……往鄉間找。做事何必只做一半？幾年前，給妳再多錢，妳也不會離開城裡，但是那時……那時妳還沒戒菸，還沒考慮加入朋友的瑜伽課，還沒決定以改信宗教的狂熱，好好照顧自己，照顧身體，也照顧心理。

不可思議，妳竟然如願以償，找到一間漂亮小平房，價格可負擔，尺寸是現在套房的三倍大，還多一個房間，安靜，還有一個小院子——這間房子在呼喚妳。妳還等什麼？這正是妳需要的！想一想，可以在戶外吃早餐，可以領養一隻狗，可以在森林裡散步，秋天可以採松露，可以依照四季節奏過生活，傍晚回家還能點燃壁爐柴火。妳甚至可以種花，整理菜圃，吃親手種的食物——真正的有機產品，不是現在買的那些昂貴商品，妳甚至不清楚真正來路。妳有機會實現夢想。

好，當然，妳得搭火車上班，早點起床，但早起的鳥兒不是有蟲吃嗎？妳可以把單車放在火車站外，騎單車到辦公室——來點運動最棒了。妳會有天然紅暈和美麗氣色，腿部變結實，促進新陳代謝，紅血球濃度會跟十歲兒童一樣

高。妳的朋友會嫉妒妳的新生活和新身體，也開始尋找她
們自己的伊甸園，加入搬到鄉下住的行列。

如果心血來潮，突然想去派對或看電影呢？藝術展覽，住
家附近的小餐館，二十四小時的熟食店，可以解決半夜嘴
饞的便利性又怎麼辦？

還有一時興起的約砲呢？怎麼應付這些隨興所至？這些問
題該如何是好？

妳不接受失敗。帶著必勝的決心，妳去了一趟花店，帶著
三盆小盆栽上樓，準備放在窗臺，分別是羅勒、薄荷和櫻
桃番茄。妳從不擅長園藝，但凡事總要有個開始。

妳告訴自己，
永遠不會說的話，上篇

妳確定我跟她同年齡？她看起來老多了。

在我那年代，好事不會從天上掉下來。

我小時候還沒有網路這種東西。

妳不覺得音樂有點大聲？

偶爾感到無聊是好事，這能刺激妳的想像力。

去問你爸。

你不要坐沒坐相，坐端正一點。

閉嘴──她搞不好是他女兒！

以前沒手機，我們怎麼活？其實也活得挺好。
老天，我從你還是小嬰兒就認識你了。

聖誕老公公會不高興的……

對，她現在是很可愛，但十年後我們等著瞧……

妳的孩子們好嗎？

我再也無法連續出去玩兩晚。

拜託，我也不是沒年輕過。

那在我少女時期很流行。

我不知道是否該配老花眼鏡。

在我那年代，我們常自己發明各種遊戲。

我很樂意出去玩，但我午夜十二點得上床睡覺。

我再也不能喝酒了，我現在得花兩天才醒得過來。

妳有 SPF 50 的防曬乳嗎？

當妳起床覺得神清氣爽，
結果每個人都說妳滿臉倦容，

妳知道
一切都回不去了。

YOU KNOW THINGS AREN'T
WHAT THEY USED TO BE

WHEN YOU WAKE UP FEELING GREAT AND EVERYONE TELLS YOU HOW TIRED YOU LOOK.

二十多歲
是妳
最美好的年代嗎？

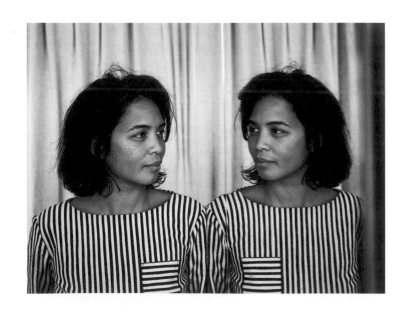

保羅・尼贊 [7] 在他一九三八年出版的小說《陰謀》中寫道：
「我也曾是二十幾歲的小夥子，我不會讓任何人說那是你
人生中最美好的年代。」這句話在法國很有名，也總讓我
覺得不那麼孤單。我的二十幾歲也不是我最美好的年代。
當時我認為那幾年我該過得精采、令人興奮而且浪漫，我
卻沒能辦到。事實上，什麼也沒發生，而且令我超級沮喪。
原本該是無憂無慮的十年，卻令我覺得好沉重。

我二十幾歲時很嚴肅……我對自己沒把握住的機會感到
氣餒，但這世界已這麼混亂，我怎麼能再冒險？我還沒
真正活過，就害怕死亡，但太謹慎小心讓我根本不敢盡
情生活。我擔心自己無法出人頭地，卻不知道要成為什
麼厲害角色。我並沒活出自我，而是困在自己創造的虛
假身分裡。

我以為每個決定都至關緊要，而且攸關命運，永遠無法改

7. Paul Nizan（一九○五─一九四○），法國哲學家、作家。

變。我根本還沒啟程，就認為自己應該成功。我深信自己應該成功，以致被壓到喘不過氣。不管我走哪個方向，都是錯誤選擇；我覺得自己站在月臺上，周遭所有人都上了該上的列車，我卻沒有正確手冊，我生不逢時，沒有成功的能耐，我的選擇將永遠困住我，就像一樁永遠逃當年我有好多恐懼，如今卻再也不怕。＊**我知道自己若不爭取，機會不會自己送上門，有時妳只需要給自己一張通行證。**＊我知道自己採取行動卻失敗，也絕不後悔。＊**況且有時失敗反而讓妳因禍得福。**＊我知道做錯決定也無所謂。＊**而且我們必須對自己所擁有的心懷感恩。**＊我知道要細細品嘗生活，畢竟我們每天在過的就是生活。＊**我知道用不著為失戀哭泣，因為我們會一次又一次地陷入愛河。**＊我知道如何愛人與被愛。＊**我知道有時妳得改變現況，以免重蹈覆轍。**＊**而微笑是生活中最有效的武器之一。**＊我知道更美好的事物隨時會降臨。＊**暴風雨後總會出現曙光。**＊我知道不盡情玩樂，就無法努力工作，不努力工作就無法盡情玩樂。＊**我知道只要付出，就會有收穫。**＊我知道卡關時不要硬闖，而是選擇另一條路。＊**世上沒有恆久不變的事。**＊我知道運動健身有益心理健康。＊**現在的我比二十幾歲時更快樂，當時卻沒人告誡過我。**＊

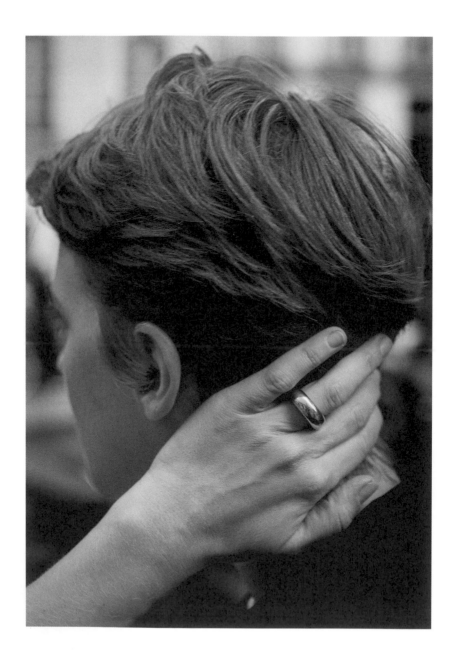

「*沒有人天生就是女人，*
大家都是逐漸變成女人。」

*

——西蒙・波娃，《第二性》

妳幾歲？

我們的年齡就是身分證上的年齡嗎？不一定……當妳絕望地盯著鏡子，心想：「我今年十八歲，困在兩倍歲數女人的身體裡。」年齡成為一個相對的，而非絕對的概念。想想有著早熟老靈魂的孩童，或百歲人瑞眼中的光芒。我們身邊有足夠的證據，證明年齡本身沒有充分意義，而且含糊不清。除了方便政府行政管理，年齡沒有任何特定意涵。

年齡很奇特，也令人錯亂。我們感受到的年齡存在於我們的靈魂與心中，並非只是像汽車里程表，並非只是每年生日都往上加一的數字。

平均而言，女人感受到的自身年齡，比出生證明踢爆的數字年輕七到十歲。據說如此，而且因人而異。或許得補充說明，年齡也因時間點而異——在一天當中，可能早晨自覺像個老女人，夜裡覺得是青少女。

所以我們有很多不同的年齡：實際年齡，和情感年齡。一個是大自然強加在我們身上的年齡，一個是我們自己決定的年齡。因此那個痛苦的問題「妳幾歲？」，便能擊敗答

案的宿命論。年齡變成我們能換上的服裝，變成我們可以耽溺的心情。

所以我們自覺與所有年齡的人平等，友情能橫跨好幾世代。妳不跟妳的血管同齡，而是與妳的欲望、熱情與興趣同齡。

實話，全部屬實，
沒半句假話

「他簡直無法相信她是我妹。」
（＝請告訴我，她看起來比我老。）

「我只在派對上抽菸。」
（＝我抽菸抽得更凶，但其他時候我都偷偷抽。）

「我對麩質過敏，真慘，我什麼都不能吃。」
（＝我對我的體重有複雜的情結。）

「妳知不知道大家一直說我跟保羅搞曖昧？」
（＝妳認為我跟保羅有機會交往嗎？）

「我好擔心，我兒子的老師說他很早熟。」
（＝我早就知道我兒子是天才。）

「我通常絕不在午餐時喝酒。」
（＝我愈來愈常在午餐時喝酒。）

「對，這本書我讀了很感動，尤其是開頭。」
（＝我只讀了書名，我現在都不看書了，只看電視劇。）

「我最近常去健身。」
（＝我最近都沒人可上床。）

「那男人真的沒那麼好，而且他很做作。」
（＝這王八蛋連正眼都沒瞧過我一次。）

「我是環保主義者。」
（＝我才剛開始做資源回收，刷牙時還記得關水龍頭。）

「我的經前症候群正在發作。」
（＝老娘就是脾氣差，你就認了吧。）

家族度假

每年你們全家會一起去度假一週。妳怎麼躲也躲不掉，否則妳會跟妳母親、父親、兄弟、姊妹和他們的伴侶關係破裂──直到天荒地老。妳想到能回兒時老家住幾天就很興奮，老家在妳心中占有特殊的地位。然而妳也知道──妳的心中大石和妳男友也知道──**這是妳顯露「最醜惡自我」的地方。**

每年的這七天，妳會被捲入一場無法逃脫的漩渦。妳回到自己人生新階段的起點，就在那一天妳打包行李，離家去過獨立的生活。當時妳十八歲，離開時妳用力甩上大門。從那天起，他們無法扭轉對妳的看法，妳也無法理解他們已經改變。對他們來說，妳仍是那個十八歲的女孩。以妳姊為例，她老是笨手笨腳：那一週她會打破家裡所有玻璃，一整年只有這七天會發生這件事。就是這樣，我們變成別

人心中既定的模樣，落入以往的刻板印象。

至於妳，妳已經花了很長的時間整頓自己，接受無數的心理治療和眼動減敏與歷程更新療法（EMDR），好讓妳能平復自己的創傷與精神疾病，經常冥想，並把與人為善當作生活第一要務。妳走進那扇門的那一秒，這些努力全部前功盡棄。妳變成那隻怪獸，把妳聽到的每句話扭曲成針對妳的攻擊。妳很清楚妳母親讓妳感到內疚，是因為她本身就充滿罪惡感，說到底她也已經盡力。還有妳姊，她總是愛動物勝過愛人……妳知道她跟妳這第 N 次爭論只是為了讓妳關注她一下。

妳的容忍度已降到零，每件事都令妳勃然大怒。妳深夜偷溜進後院，去抽跟妳姪女要來的那根菸，試著證明自己至少沒變成個性極差的老女人。妳只是四十歲的叛逆青少女。

年復一年，妳離開時總發誓要長大，變得更好，變得寬容、溫和、善解人意，或至少公平，並且在妳被大家的批評淹沒時，展現某種程度的智慧。因為妳愛這些人，傷害他們令妳心痛——而且過程中妳也傷害了自己。

那個前任情人

你們深愛對方，超過言語所能形容。他比任何人都了解妳，你們形影不離，焦不離孟。

然而你們並未攜手共創人生，儘管分手時，妳還深愛他。

「無論我去何方，去吧
永遠都會看到你的面容」
——愛情

他是妳第一個摯愛，然而妳尚未準備妥當，你們還太年輕。
又或者你們生了一個孩子，儘管曾經多麼幸福，最後依舊走不下去。
又或者他像流星般闖進妳的人生，一口氣又直接離開，造成莫大傷害。
妳只稱他是「前任」，儘管之前、之後都還有別人。

＊　＊　＊

分手後，妳覺得像遊魂，堅信再也不可能遇上真愛。

那些擁抱又算什麼？你們之間曾有過情話綿綿、諾言應允、海誓山盟。那些笑容、歡笑聲、他撫摸妳的方式、遠遠望著妳、用自己的腳溫暖妳的腳丫子。那些是火焰餘燼？是漸漸變淡的傷疤？是落幕的刑案？難道這些畫面、味道就留在妳的記憶庫，他就和其他東西一起送出去回收？

儘管妳還深陷情海，他卻決定結束關係，這點始終讓妳耿耿於懷。朋友的回應就是那句難以忍受的陳腔濫調：「光有愛還是不夠⋯⋯」他們勸妳展望未來，買醉尋歡，找其他人上床，並且信任那個歷久彌新的定律：新人就能填補空虛。可是那招沒有用，反而更強調他的離去。在親朋好友催促下，妳終於刪除手機裡兩人一起聆聽的歌曲，甚至把他留下來的衣服送給不知情的朋友。表面看來，妳過得越來越好，然而只有他知道妳內心深處的祕密。**妳仍然在心裡和他說話**。時間一天天過去，妳依舊赤手空拳對抗這個想像中的幻影。妳到底要花多少時間、耐性和毅力，才能徹底忘記他？非常時期就得採取非常手段，所以妳搬家，避開他最後吻妳的地方。換個地方，轉換心境。

* * *

時間的確是萬靈丹。妳終於撫平失落和空虛的心情，就算偶然撞見往日回憶，也能微笑以對，好比突然看到妳寫給他的信、照片，或在計程車裡聽到你們的歌。

等妳巧遇他，妳臉紅、甚至略微冒汗，尷尬之餘，百感交集，但妳心裡有數。的確，你們重拾聯絡，恢復老習慣，但是那一刻終究會到來，妳會想起當初為何走不下去。

在《瘋狂之愛》中，安德烈・布赫[8]說：「我本來迷了路，妳帶來我自己的消息。」妳開始納悶，為什麼是他？更重要的是，**妳為什麼花了這麼多年，才允許自己再次談戀愛？**死守著過去這段感情，不就是妳保護自己的信念和部分的自我，因為妳不想失去那一塊？也許這個前任情人就是妳當時需要的人，例如洗照片的過程、學習的行為：就是為了發掘自我。再早、更晚都不行，所以也不見得要共度終生。

要不是妳以前就認識他，妳都不確定自己會不會愛上他，但是這已經不重要。內心深處，妳的喜愛和感情都完整無缺，就藏在只屬於你們兩個的地方，也無損於後來的幾段感情。

> 「*無論我去何方，去吧*
> *永遠都會看到你的面容*」
> ——*愛情*

8. André Breton（一八九六─一九六六），法國超現實派詩人、作家。

皺紋

陽光帶來皺紋。

微笑帶來皺紋。

狂歡帶來皺紋。

老天爺，沒有皺紋的人，日子過得多乏味啊。

荒謬瘋狂
的配方

自古以來，皇后、公主、油嘴滑舌的商人，都在尋找讓人年輕又清新的訣竅。這些保持美貌的秘密就寫在我們至今還能找到的魔法書、回憶錄中，請注意這些信念有多離譜、荒唐。有些甚至毒害健康！這倒讓我們懷疑起自己的生活習慣。以後的世代會怎麼看待我們的黃金面膜和蠶絲洗髮精？前人的保養準則令我們大驚失色，後人也會有同樣反應嗎？他們看到我們相信膠原面膜可以撫平眼皮細紋，會不會也覺得我們精神錯亂？以下簡要列出先人最瘋狂、最古怪的保養習慣。

額頭除毛：在中世紀，額頭是美麗的象徵，越寬廣越美。而且必須無敵光滑、圓潤，猶如一球小麵糰。在我們看來，那些像外星人的女子，當時備受吹捧。女性除掉額頭的毛

髮，有些甚至剃掉前半部的頭髮，盡量推高髮際線。至於除毛道具則是混合生石灰、砒霜和……蝙蝠血。

頭髮染成血紅色：在文藝復興時期，法國流行「威尼斯金」。這種髮色介於金色和紅色之間。她們會在頭髮上抹檸檬汁和番紅花粉的混合物，然後在太陽下坐越久越好，染髮劑才能深入髮絲。

金粉：十六世紀的黛安・德・波提耶，雖然比法王亨利二世大二十歲，卻是最受寵的情婦。年輕時期的黛安有曠世美女之稱，一心想保持青春貌美。她每天早上喝特調濃湯，那是加了金粉的秘方。這種青春靈丹顯然極度致命，黛安雖然想長生不老，實際上卻毒死自己。科學家用她的髮絲進行毒物測試，她體內的含金量是正常人的五百倍。

三巧定律：黛安・德・波提耶創造了某種勉強稱得上準則的定律，說明美女的標準，這些定律都和數字「三」有關。真正貌美的女子要有三白（皮膚、牙齒、手），三黑（眼睛、眉毛、眼皮），三紅（嘴唇、臉頰、指甲），三長（身體、頭髮、指甲），三短（牙齒、耳朵、腳丫子），三小（乳頭、鼻子、頭），三窄（嘴巴、腰身、腳）和三大（手臂、大腿和小腿）。

白皙無瑕的皮膚：十八世紀的人稱皮膚上的老人斑為「扁豆」。當時女性採取的手段絕對不可效法。她們晚上會在手上、臉上濕敷泡在牛奶中的毒蛇液，裡面還加了一點……硫酸！她們的皮膚能維持正常還真是不可思議。

瑪麗皇后般的蒼白：十八世紀，路易十六統治下的凡爾賽宮，女性為了愛美，承受各種折磨。第一就是皮膚要夠白，這當然是為了區別她們與貧苦農人的差異，因為後者必須在烈日下勞動一整天。據說女人的脖子必須白到人們可以看到「她喝酒時入喉的紅酒」。女人無所不用其極，甚至用含汞的乳液灼傷自己的皮膚！瑪麗王后在自己調香師強路易・法吉翁 10 的幫助下，調出某種淡香水。這種配方要用兩隻鴿子肉，混合十二個蛋白和磨碎的桃子果核粉。接著再放進羊奶中泡十二個小時，在陽光下曝曬三天，再放進地窖十五天。

諾斯特拉達姆斯 11 的瘋狂配方：米榭・德・諾斯泰達姆是法國十六世紀的藥劑師，以其預言能力聞名。他也調配保養品秘方，創造某種乳液可以讓五十五歲的婦人看起來

9. Diane de Poitiers（一四九九—一五六六），法王亨利二世的首席情婦。
10. Jean-Louis Fargeon（一七四八—一八〇六），法國傳奇調香師。
11. Nostradamus（一五〇三—一五六六），原名 Michel de Nostredame，法籍猶太裔預言家。

像……十二歲！配方用昇華的汞（含有劇毒），混合三天只吃大蒜的人的唾液（那有多臭啊）。再放進大理石缽，和醋、銀粉一起研磨。好可怕的配方。

嘉布麗埃爾・德・思翠[12] **的利口酒：**這位十六世紀亨利四世的情婦有個秘訣可以讓皮膚維持美麗光澤，她在燕子（不拔毛、也不取出內臟）肚子填入鳶尾花、兩個新鮮雞蛋、蜂蜜、威尼斯松節油、珍珠粉和樟腦。燕子在鍋子裡烹煮過後，磨成霜狀，再混合麝香、龍涎香。最後蒸餾成利口酒，據說就能讓妳的皮膚滑嫩緊實。

12. Gabrielle d'Estrées（一五七三─一五九九），法國亨利四世的情婦。

這是 最後一次
（妳不會再做了，大概吧）

拿出舊照片，看到青春期之後的模樣，妳尷尬得想挖地洞。但是妳記得當時自以為找到最適合自己的風格、最投緣的男人，以及彷彿就是為妳而存在的髮型。

如今妳以寵溺、懷舊的心情，回顧妳已經道別的一切：

瘋狂的髮型和亂染的髮色：以前妳會找髮型設計師，不會找心理醫生，妳說：「我要徹頭徹尾地改變，全權交給你了。」不可否認，剪了超短髮型之後，妳被誤認為小夥子，的確頗讓妳受傷。頭髮挑染成紅褐色本來是要營造性感氣質，而不是病懨懨的模樣。已經夠好，就不該再加油添醋。

喚起痛苦回憶的血拚戰利品：節食之後買的牛仔褲，穿起來好看卻導致妳泌尿道感染。打折時硬要買的小一號鞋子。那件綠褐色毛衣，只因為妳不敢告訴售貨員妳不太喜歡。這些戰利品都留在衣櫃，要不然就是毀了一、兩次約會。為了容光煥發，也不見得要受盡折磨。

妳亂擠青春痘，希望它們趕快消失。如今妳會努力清潔，等待時間發揮功效。大自然自有辦法。

拖拖拉拉：現在妳看得很通徹，奇蹟很罕見，妳寧可鞭策自己，也不要坐等局勢惡化。絕對躲不掉。

形影不離的閨蜜：妳們總是同進同出，常打給對方，一講就是幾小時。最後對方全面入侵妳的人生，妳希望保留一點自己的空間。現在妳重質不重量。

那些莫名其妙、一言難盡、痛苦萬分的愛情故事：有些男人說，「我現在不能交女朋友，但是如果妳想聚聚，可以打給我！」當年妳希望這些男人會改變心意，現在妳知道寧可享受穩定關係的甜蜜，也不想忍受毫無結果的一夜情。

最後，妳以前常說「絕對不可能」。世事難預料，人生充滿驚喜，誰曉得，也許妳會嚇到妳自己呢。

重新
詮釋 戀情

打從孩提時期，大人就說情侶一定是一男一女，而且兩人會天長地久，最後走入婚姻，永遠忠貞不二。妳的祖父母就是典範：二十歲成婚，然後「至死不渝」。他們白頭偕老，禍福同擔。父母的爭吵則為妳翻開新章節，妳對婚姻關係有了新體悟，他們離婚之後，家裡的緊張氣氛才煙消雲散。因此妳對婚姻不太有信心：妳應該相信嗎？更重要的問題是，這種關係還**有可能**成立嗎？

傳統一夫一妻制呢？有個人陪妳走過人生每個階段，與妳一同成長？這個理論頗令人欣慰，實際執行卻不容易。經過一九七○年代的性革命、避孕觀念的問世，以及彷彿無法無天的瘋狂離婚潮，**妳會推翻所有定見，或是躲進更保守的價值觀？**

事後回想，妳的愛情生活也不是一直線，並不如妳或任何人所預料。妳不是一路都覺得開心幸福，妳實驗過、猶豫過、犯錯過，就為了更了解妳自己。無論如何，妳走了自己的路。

有些戀情轉瞬即逝，你們之間雖然乾柴烈火，妳卻知道無法與對方共同生活。妳曾養過別人的孩子，後來又遇見另一個人，你們有了自己的孩子。妳曾瘋狂愛過某個女子。

他們都看著妳成長，鼓勵妳，用自己獨特的方式愛妳。

妳發現，時間、投入程度不代表一切。這些不同的愛情就像光譜，都不盡相同，但也不是與眾不同。

簡而言之，儘管戀情的官方定義曾經帶給妳些許安慰，**妳從經驗得知，妳充滿矛盾，而且不斷改變。妳過了許多段人生。**

下一段會是什麼模樣呢？如果盡如人願，妳會打造一段白首偕老的關係嗎？

為了尋求指教，妳開始仔細觀察朋友的戀情，研究他們如何過日子（無論對方是單身、有伴侶，或是更複雜的關係）。除了傳統關係之外，妳看到各種新安排的萌芽。例如有對情侶不住在一起，他們覺得兩間套房好過一間公寓，而且關係還更持久。妳也詢問朋友如何面對獨居、慣例、日常生活。有人坦承已經不再需要肉體關係，有人斷言不想生兒育女：他們樂於享受目前單身生活或戀情的平衡，照顧孩子的責任可能會威脅到兩人之間的和諧。至於忠貞關係，許多人都說他們相信忠貞的價值，也加以遵守（這點讓妳如釋重負），但親密關係之餘，保留神秘感也

很重要。愛上某人,不愛他,又再度愛上他,的確有可能,甚至相當普遍。有些人自有獨到方法解決兩人之間的乏善可陳,有些人靠外遇,有些人則努力對抗誘惑。除此之外,妳堅信睿智的露絲·拜德·金斯伯格 [13] 的建議,「裝聾作啞,有時有幫助。」到頭來,伴侶的多數缺點其實不重要……或者說,還不值得成為分手的理由。

在這個人生階段,隨著新戀情的出現,妳發現有些事情已經逐漸改變。妳以前追求刺激快感,不屑安逸平淡,即使伴隨著痛苦、心力交瘁、沮喪氣餒也無所謂。妳不只是喜歡談戀愛,也許更是為了滿足妳心目中的愛情故事應有的要素,儘管那只是妳的預設,不見得次次精確。

不必管社會或別人如何改變,妳自己有什麼改變呢?就像二十歲的妳,如今的妳依舊希望心頭小鹿亂撞,只是妳學會接受別人的真實面貌,以前妳可能看到對方的缺點就倒胃,對方稍不合妳意,妳就讓對方吃閉門羹。**妳不再要求完美,因為妳已經知道,沒有人不會犯錯。**

---

13. Ruth Bader Ginsburg(一九三三一二〇二〇),美國最高法院大法官,也是首位美國猶太裔女性大法官。

「*沒種的人不適合進入老年。*」

*

──貝蒂・戴維斯 14

14. Bette Davis（一九〇八—一九八九），美國演員，兩度獲得奧斯卡獎。

不要
勒死自己

妳不記得究竟是何時聽到，**妳的腰好細，真美**。妳才剛進入青春期，擔心耳朵長得比其他五官更快，也擔心大腿快撐破牛仔褲。妳開始意識到，社會大眾對美的標準似乎和鏡子裡的女孩有差距。**世界把不實際的審美觀強加在妳身上，妳也默默接受了**。妳還不懂事，所以一聽到：**妳的腰好細**，就自以為分到天上掉下來的禮物。每個女人即使不想也都曉得三十六—二十四—三十六是致勝數字，顯然妳不打算以這些數字為人生目標，然而妳似乎有個數字符合標準，也算了不起了。

因此妳決定照顧好妳的腰身。後來妳漸漸學會如何炫耀，但這麼說還是太簡短，其實妳束緊腰帶，幾乎無法呼吸。妳的身體一分為二，下半身似乎打算脫離上半身。妳動不動就想發脾氣，當然，柳腰很美，為妳帶來莫大魅力……可是妳喘不過氣啊。妳學會咬牙忍痛過日子，妳是加害者，也是受害者。妳如常生活，笑著、聊著，走著，其實妳都快痛暈。妳在二手衣商店找到某種玩意兒，穿上之後的身形猶如潔西卡兔子 [15] 或蒂塔‧范提斯 [16]。妳發誓，平時就是自帶美圖濾鏡效果。只是晚上脫下時，縫線都會在臀部上方留下鮮紅印痕，要到隔天早上才會漸漸消褪。

妳完全接受愛美就要痛苦的觀念，所以早就不以為意，痛苦只是配件。如果有人問起：「美麗的秘訣是什麼？」從來沒有人回答：「喔，很簡單，就讓自己生不如死就行

15. Jessica Rabbit，動畫電影《威探闖通關》中的性感角色。
16. Dita Von Tesse（一九七二一），美國著名脫衣舞孃、表演藝術家、作家。

了。」其實這就是真相，妳更是反覆執行。妳的裙子太緊，
妳停止進食。妳得穿進正確尺寸的衣服裡，而不是照妳實
際身材採買。有時為了穿進不合時節的高領，妳寧可悶死
自己；更別提丁字褲猶如剃刀般拉扯妳的肌膚。從純粹生
物觀點而言，女人穿得這麼不舒服，很有可能少活幾年。

妳審慎思考之後，覺得這麼多年委屈求全真是傻氣。妳在
人生許多層面都極力爭取兩性平等，這場仗打到衣櫃前卻
放棄了。妳的好勝心作祟，幾乎是立刻決定善待自己。這
個年紀的女人必須更努力，才不致形容枯槁。但妳決定放
過自己，妳要鬆開皮帶。不要誤會，妳不是自暴自棄，放
任自己。妳只是決定，心情好，看起來更光芒四射。該死，
妳也有這個權利吧。從今以後，妳不要勒死自己。

當妳選出生年份，滑鼠滑半天都滑不到，

妳知道
一切都回不去了。

YOU KNOW THINGS AREN'T
WHAT THEY USED TO BE

When selecting your
year of birth
on a website means
scrolling down
forever.

再來一個？

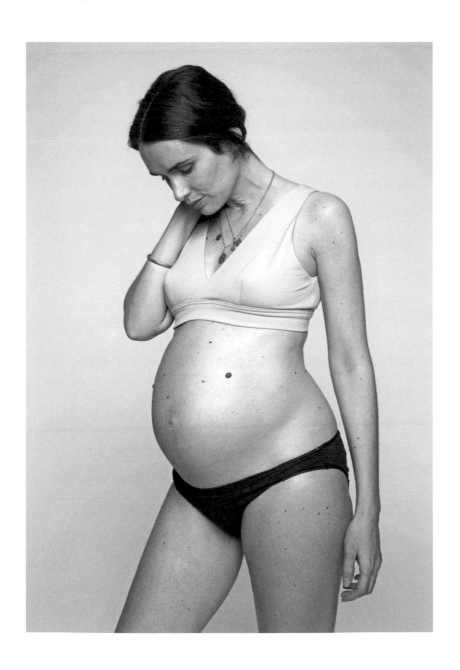

這些問題縈繞妳的心頭已經好一陣子。

是不是該增加家庭成員？

我有時間？有力氣嗎？

我們的關係能繼續成長茁壯嗎？

我還有愛另外一個人的能力嗎？

我有辦法面面俱到嗎？可以兼顧工作，又能多照顧一個孩子嗎？

但是突然看到小嬰兒，妳告訴自己，新生兒好可愛。小小的臉蛋、細緻的小手、香甜的皮膚，更別說脖子上柔軟的汗毛。在這麼可愛的小東西面前，妳當然會軟化，覺得自己都快融化了……接下來一整天，妳左思右想，評估衡量。

一、妳不是新手。（＋）

二、地球人口已經過多。（－）

三、再等幾年，懊惱也來不及。（＋）

四、但是你們現在都已經快入不敷出。（－）

五、因為妳無法懷孕。（－）

六、因為妳想懷孕。（＋）

七、第一胎照書養，第二胎照豬養，第三胎隨便養。（＋）

八、上次妳花了兩年才恢復產前體重。（－）

九、第二胎之後的離婚率。（－）

十、大家庭很有趣。（＋）

十一、妳好不容易擺脫尿布。（－）

十二、妳上次生完就說「絕對不再生」。（－）

十三、妳總不能生個不停。（－）

十四、太瘋狂了。（＋－）

妳還在聽的歌曲

(洩露了妳的少女時期是一九九〇年代)

* Run DMC [17]，〈It's Tricky〉

* 超脫樂團 [18]，〈Heart-Shaped Box〉

* 電台司令 [19]，〈Climbing Up the Walls〉

* 流亡者三人組 [20]，〈Killing Me Softly〉

* 神韻合唱團 [21]，〈Bitter Sweet Symphony〉

* 嗆辣紅椒 [22]，〈Otherside〉

* 傻瓜花園 [23]，〈Lemon Tree〉

* 酷力歐 [24]，〈Gansta's Paradise〉

* 討伐體制樂團 [25]，〈Killing in the Name〉

* 綠洲合唱團 [26]，〈Don't Look Back in Anger〉

* 後裔合唱團 [27]，〈Come Out and Play〉

* 槍與玫瑰 [28]，〈Don't Cry〉

* 布勒合唱團 [29]，〈Song 2〉

* 甜蜜射線合唱團 [30]，〈Hold Your Eyes〉

17. 來自紐約皇后區的嘻哈樂團。

18. Nirvana，美國另類搖滾樂團。

19. Radiohead，英國牛津的另類搖滾樂團。

20. Fugees，美國嘻哈樂團，結合靈魂樂、嘻哈、雷鬼元素等。

21. The Verve，英式搖滾樂團。

22. Red Hot Chili Peppers，美國另類搖滾樂團。

23. Fool's Garden，德國樂團。

24. Coolio，美國饒舌歌手、演員、製作人。

25. Rage Against the Machine，美國重金屬樂團。

26. Oasis，英國搖滾樂團。

27. The Offspring，美國搖滾樂團。

28. Guns N' Roses，美國重金屬搖滾樂團。

29. Blur，英國另類搖滾樂團。

30. Sugar Ray，美國搖滾樂團。

一對男女在餐廳碰面。年輕時期的他們是熱戀情侶，後來因為種種因素分道揚鑣。幾年過去了，兩人很樂意再約見面，共進晚餐，地點就選在他們以前常去的高級地段的餐廳。時間刻劃在他們的臉上，但他們不在乎，依舊透過當時的目光凝視對方，因為他們見到彼此仍然很開心，一切彷彿只是昨日。他們對坐著看菜單，服務生走來。

「請問今晚來點什麼？」

「今日特餐，」女人說。

「好主意，我也一樣，」男人說。

「非常好，」服務生說，「不過兩位要的是哪套特餐？」

他們相視而笑……兩人都拿出眼鏡，才能看個清楚。

每個人都會碰上

看前一頁覺得吃力,這很正常。雖然妳先前不明白,但這就是需要「老花眼鏡」的感覺。戴上朋友的眼鏡,發現⋯⋯人生輕鬆多了,這種心情很不愉快。

事實就是:我們不是某天醒來,瞬間希望自己配了眼鏡。拒絕承認多年之後,才會甘願。以下這些徵兆表示,沒錯,時間到了,妳有老花眼了。

- 怪了,妳不如以前一般喜歡閱讀。
- 睡前開始看本好書,偏頭痛就越來越嚴重。
- 在餐廳拿到帳單,妳似乎得把手伸長,數字才不會模糊不清。
- 在電腦上讀資料時,得把字體放大到125%(妳一定聽得懂我在說什麼)。

老花眼不是病,只是水晶體在我們出生之後必然的退化結果。這是世上第一種視覺缺陷,幾乎每個人都會經歷⋯⋯好消息是好看的眼鏡也可以像美腿一樣性感。

相處
愉快

他身上混著汗水和古龍水
妳看著他細緻的頸子
他似乎非常年輕
妳喜歡他自信的笑聲
他之所以笑，是因為妳問他
這是誰的歌
因為妳還稱之為歌
他最愛的電台正在播放
妳卻從未聽過這首電子音樂
顯然大家都認得
他的笑容詭譎，溫柔又淘氣
他哼著歌詞
自然而然地
他放下防衛
他不是本地人
在這個步調飛快的城市
偶爾覺得孤單寂寞
音樂是他的避風港
妳看著他靈活的雙手
隨著節奏輕輕拍著
那雙手沒有暴露青筋
他彷彿有點脆弱，突然之間
他舞動著討妳開心

擺動肩膀，搖頭晃腦
妳竟然也有樣學樣
兩人笑成一團
他保證會傳送
這首名曲的歌名給妳
妳在鏡子裡與他四目相交
不自覺迸出這句話
妳說妳以後聽到這首曲子
……就會想起他
妳看到他的目光掃視妳
似乎受到些許驚嚇
彷彿他不明就裡
車子停好
他幾乎沒轉頭
只說：女士，祝妳今天順心。
在這十分鐘的搭車過程
這段叫車服務
彷彿讓妳回到過去
在那一瞬間
妳的年紀有所改變。
妳站上人行道
不消片刻
車子已經駛離。

當妳漸漸覺得，傳記還挺有意思，

妳知道
一切都回不去了。

YOU KNOW THINGS AREN'T
WHAT THEY USED TO BE

When you start
finding biographies
fascinating.

新戀情

布朗庫西 31 的著名雕塑「吻」用一塊石頭雕成，是兩個交
纏的情人。這個作品捕捉所有精髓，一切盡在不言中。輕
柔的一吻、兩個愛人擁抱對方，水乳交融的完美形象，鑄
造出永恆的愛情……

然而情人有時也會分開。
他們會分道揚鑣，過程痛苦萬分。

某一天，妳鼓起勇氣親吻另一個人。這一刻百感交集，完
全出乎預料。妳以為這個擁抱會帶來崇高享受、優雅順暢
又讓人屏息以待，結果妳緊張慌張。第一個感覺顯然最叫
人心煩意亂：妳的肌膚接觸到未知的肌膚、陌生的氣味、
不熟悉的柔軟觸感……對方的舌頭令妳意外，因為與妳熟
知的人南轅北轍。**接觸陌生的身軀，那感覺頗為震撼。**

---

31. Constantin Brâncuşi（一八七六─一九五七），法籍羅馬尼亞雕塑家，現代主義雕
塑先驅。儘管當時立體主義方興未艾，他反而選擇截然不同的道路。

妳自以為已經準備妥當，老實說，妳也期待已久，曾經幻想那不同、那差異。但妳突然想起妳和前戀人也是經過一段時間的磨合，如同兩塊岩石互相摩擦多年，才能完美地緊密接合。妳告訴自己，妳將再回到二十歲，屆時將是天雷勾動地火。結果，妳只是想起二十歲最可怕的一面。

妳以為早把那種心情拋到九霄雲外。那些恐懼、焦慮、懸而未決的問題。也許妳怎麼建議不諳世事的年輕女子，就該怎麼建議自己：

那不是演出。
只做妳想做、妳有感覺的事情。
安撫對方，因為他可能和妳一樣害怕。
第一次別做以後會尷尬的事情。
你們還有很多時間熟悉、探索彼此，妳不是參加體操競賽。
不要為了身體上的小細節分心，妳的伴侶一點也不在乎。
重要的是當下的感覺。

在這個新的擁抱中，妳將與另一個人再度融為一體，這人就是妳的新歡，就像布朗庫西的雕塑揭示了初期的立體主義，接著便創造出嶄新的藝術。

接觸陌生的身軀，
那感覺頗為震撼。

造型
秘訣

不要懷疑，就買大兩號的外套或夾克。
瀟灑的線條會帶來更耐人尋味的魅力。

妳不必非選海軍藍或黑色套裝，才能博得別人的尊重。
正好相反，這種古典玫瑰色可以顯露妳的決心和創意。

晚間活動可以穿斗篷，不見得要選大衣。

斗篷能增添神秘氣質，就算出意外也不怕。

學會找到最適合妳的單品，

諸事不順時就方便了。

有趣的配件
搭配簡單的款式是萬靈丹。

用搶眼單品上的某個顏色搭配同色系服裝，
更能優雅地烘托出這件單品。

混搭套裝，效果驚人又時髦……

妳又多了一套新衣服！

大衛・鮑伊 [32]
救了妳一命

二〇一六年一月十日。

妳全身發抖，大衛・鮑伊竟然過世了。妳可以假裝心裡的音樂狂崩潰決堤，不過那就是說謊。妳不斷抱怨，其實只是疑病症發作，妳只是哀悼自己的命運。為什麼？因為妳現在面對的是殘酷無情的複雜局勢。

32. David Bowie（一九四七一二〇一六），英國搖滾歌手、製作人、演員。以帶領時尚的先知先覺，而被稱為「搖滾變色龍」，十分堅持自己的理想及創意。

大衛・鮑伊蠟燭兩頭燒。他說過，他和每個人調情。他以舉辦倫敦的狂歡聚會聞名，客廳中間有張皮草大床，這件家具最能彰顯他的人生哲學。他的人生就是一連串的漫漫長夜，他縱情於酒精、毒品，伴隨的是超正點的音樂。之後當然就是無窮無盡的宿醉。

但大衛・鮑伊也有各種專科醫生、另類療法醫生、巫醫、針灸師、自然療法師。他那麼有錢、有人脈，有辦法得到我們根本無法想像的最先進醫療照護。他有各種悖離常理的手段。

所以大衛・鮑伊不可能會死。如果他都會斷氣，我們肯定也逃不過。

以前妳催眠自己相信這個假象，以為我們大家都可以當英雄，永遠活在當下，最後肯定能找到長生不老藥。

妳哭了又哭。最後，在那個一月十日，妳停止抽菸。

大衛・鮑伊可能救了妳一命。

愛情觀

妳偷偷做任何事情時都會找他，性愛除外。

他可以點燃妳的熱情，又不會燒了妳家。

妳傳簡訊給他會重寫個五、六次。

妳每年只見他一次，卻每天惦記著他。

有時妳與他分享最好的自己。

納悶妳竟然跳過，呃，妳的另一半。

這實在荒謬，但妳需要這個秘密花園。

有些電影是妳想與他一起觀賞，卻永遠辦不到。

有些成就是妳想達成，只為了向他證明妳最棒。

他不在妳床上，卻常在妳心裡，低聲鼓勵妳。

他不知道他對妳有多重要。

否則一定很驚訝。

妳不曾聊到他，連閨蜜都不知道。

他就在妳最隱匿的內心深處。

是妳的避風港。

是妳詩情畫意的那一面。

妳沒和他巫山雲雨，因為妳無法與「戀愛觀」上床。

他帶給妳的好處卻非常真切。

我們應該有兩次變老的機會。

第一次，

我們遭到奇襲。

第二次，

我們就有時間好好珍惜。

妳告訴自己，
永遠不會說的話，下篇

噢，那是新俚語嗎？什麼意思？

二十歲時，妳以為妳什麼都懂。等妳到了我這個年紀，就知道人生複雜多了。

趕快趁機享受，時光飛逝啊。

你看過天氣預報了嗎？

不要大叫，媽咪很累。

換作我在你這個年紀，我就不會這麼做。

不要為了一棵樹放棄整座森林。

我們是失落的世代。

出門前去上廁所，不想去也得去。

我完全聽不懂實習生在說些什麼。

對周遭的世界多點好奇心。

我不想戴你送的母親節禮物，因為我不想弄髒它！

現在我盡量不喝白酒。

如果你吃不下蔬菜，等等就吃不下甜點。

如果你把口香糖吞下去，它就會黏在你的胃裡。

我是上個世紀出生的。

我好像和那個人上過床，他叫什麼名字來著？

你的金魚去旅行了，我們不確定他打算什麼時候回來。

夜闌人靜時

有時人生真是狗娘養的……

以前妳隨時隨地都能睡，後來情況失控，有個狡猾的敵人
從暗處出現：那就是失眠。夜闌人靜時，妳睜大眼睛，忍
受這種不公平的懲罰，其他人卻可以睡得香甜。妳沒有人
可以責怪，更覺得莫名惱火。少睡三小時的好處，就是多
了一條新皺紋。隔天早晨，妳一張臭臉，活像剛進入青春
期的青少年，只是腦子開始有失智的徵象。

聽說有人就是比較能忍痛，睡眠也一樣，有人就是好睡。
最糟糕的是妳最需要睡眠時，它最讓妳失望……
夜裡的掙扎：

＊**典型的失眠之夜或我思故我在**：這就證實妳的腦子永遠不休息，而且過度勞累，因為該關機的時候卻關不了。妳只好開啟手機，因為大家都知道，明亮的螢幕可助人重新入眠。

＊**夜闌人靜時**：現在是凌晨三點二十七分，說晚算晚，說早也算早。妳發現，整夜難以成眠與月亮週期有關。當妳猶如行屍走肉地工作時，有人說，「聽說昨晚是滿月，但誰會注意這麼無聊的事情？」妳突然覺得自己竟然有股殺人的衝動。

＊**早晨**：不，早起的人不見得有光明燦爛的未來⋯⋯

＊**時差的第一晚**：飯店電子鐘說明現在已經是凌晨三點，但妳的身體卻偏說現在是晚上六點。太好了⋯⋯妳的名聲和事業就看五個小時後（四個⋯⋯三個⋯⋯）的簡報表現了。

***應有盡有**：因為懷孕無法成眠。妳的荷爾蒙在半夜高漲，妳整晚要衝進廁所四次，然後胎兒在凌晨時開始亂動。這是唯一可接受的失眠，至少妳還找得到原因。只是妳希望寶寶出生前，妳能好好休息。接著，妳想像實際生產過程……不過恐怕無濟於事。

最後妳終於睡著，但鬧鐘是最後一根稻草。那一刻，妳想像大家會放過妳，對妳特別溫柔，幫妳分攤工作重擔，或在妳清醒之前都別理會妳……妳決定鼓起勇氣，傳簡訊說妳家孩子拉肚子。

當一邊眼睛比另一邊小，

妳知道
一切都回不去了。

YOU KNOW THINGS AREN'T
WHAT THEY USED TO BE

WHEN ONE
OF YOUR EYES
IS SMALLER THAN
THE OTHER.

新 浪漫主義者

她的人生曾經有過那麼幾次，原本懷有清楚的意向、目標
（她就是所謂的 A 型人格 $_{33}$），結果卻南轅北轍，得到截
然不同的教訓、啟示。

說到網路交友，她早就下定決心：她才不搞那套，她比他
們好多了。那些人沒有真正的社交生活，只好上網找人聊
天、交往。早就有人警告過她：

那是座可怕叢林。充斥著自戀情結、激烈行為，而且反覆
無常。大家都知道 X 是約炮應用程式，不過 Y 和 Z 也大

33. Type A，在語言、心理與動作上，表現出異常的急迫感、積極性、競爭性、好勝心、
敵對性與攻擊性的特質或行為。一九五九年時由美國心理學家所提出，心臟病患
者多數屬於這一型。

同小異——據說那裡的使用者要求更多,例如「一段真正的戀情」——其實背後目的都一樣。每個人只是一塊鮮肉,等著被吃下肚。

可是她很無聊(而且**莫名其妙地,依舊單身**)。派對上搭訕她的永遠是同一群男人,**她也已經回收每個前男友當情人**,因為這樣更輕鬆。但是她膩了,而且巴黎沒有人「約會」,大家不是炮友,就是情侶。她越來越好奇。

其實她想尋求挑戰,冒險總比毫無體驗刺激多了。況且,她也想提高自信:有了那張個人檔案照,她覺得自己就像埃及豔后,等著被飢渴、野蠻羅馬人發掘。

* * *

她登入 Y 和 X,心血來潮之際(波爾多紅酒也推波助瀾)也加入了 X。就看看哪個應用程式最有效,先試用一週吧。頭幾天就如同她的想像,那裡果然是大雜燴,出現的人叫她意外連連。即使這只是虛擬空間,和陌生人親密聊天還是很古怪。意外(好吧,老實說,更多的是失望的情緒)的是,竟然沒有太多人中意她……好不容易配對成功,她

一旦開始閒聊，就不斷被對方禮貌回絕。他們到底有什麼毛病啊！

她和男性朋友提起她對這種數位關係的貧乏觀察，他們個個捧腹大笑，透露自己的做法：他們看到任何照片都會往右滑 。如果對方也喜歡，他們**才會**開始篩選。

她從六百人當中也只選了三個，而且第三個還讓她很猶豫呢⋯⋯

＊　＊　＊

總之這週她要初次會面兩個網友。

不是虛擬約會。而且兩個男人看起來都很正常。他們不是條件奇好，大家不要太不切實際，但至少引起她的興趣。

面對第一個高眺、深色頭髮的男子，她必須強迫自己微笑、放輕鬆，這完全不是平常的她。後來男子閒話家常讓她平靜不少，她才發現多認識社交圈之外的人也不賴。聊天話題並不熟悉，新奇卻又不會讓人覺得無趣：她甚至還滿開心的。他在這時決定從實招來⋯⋯他不確定該怎麼說⋯⋯他又鼓起勇氣：「呃，其實我很傳統，所以想找人共組家庭。」這句話彷彿是向她道歉。她盡量不露出驚訝表情，儘管她一小時前才第一次見到他，現在卻對這個人

侃侃而談；她已經許久沒對異性如此開誠布公。她對他說，她也有同樣看法（不見得是鎖定他，但她也想成家立業）。幾天後，她在另一家咖啡館見二號男子，桌子彼端的對方直接切入主題。他幾乎是立刻攤牌，解釋**他不想浪費時間，如果她只想找人上床，恐怕得另找對象**。他要找的是戀人，不是網路花癡。

* * *

她本來以為這次的經驗會證明她的社會學觀點：註冊網路交友軟體的人配不上她，她不是他們的同路人。而且男人不是粗魯無禮，就是花心大蘿蔔。她的確應該等待世間難得一見的心靈伴侶出現，不要浪費時間約會。結果她卻有另一個發現，其實好對象比她想像中更多；而且比起她的朋友，甚至她自己，他們當中有許多人都更浪漫、有自信。也許她還沒碰上合適對象的真正理由，就是她尚未釐清自己究竟要什麼。想談戀愛是一回事，愛上某人又與他共創家庭……是不是另一件事呢？

她知道這兩名男子不見得代表交友軟體的所有人，而且她的經驗也不太尋常，因此她把這次的探索當成上天的禮物。他們讓她看到，自己變得多麼憤世嫉俗。這兩人很和善，也幫助她成長，讓她重新發現，兩性之間的關係可以如此平淡、溫暖。談戀愛可以更謙遜，多點浪漫當然更好。

當和妳共事的人在妳畢業那年出生，

妳知道
一切都回不去了。

YOU KNOW THINGS AREN'T
WHAT THEY USED TO BE

When your
colleague was born
the same year you
graduated.

整形手術之外的選擇

天下人分成百百種。

有人擁護自然老去，他們的心態彷彿當妳已經七十歲：「這就是人生！上年紀很棒啊，妳應該引以為榮。我的奶奶有許多皺紋，我很高興看到她的故事就刻劃在那些線條裡。」拜託，誰不曉得？但妳會發現，這些贊成大自然盡情發揮魔力的人多半比妳小十五歲，成天都在做瑜珈，先天基因就是老的慢。

有人認為我們應該善用科技，坦然接受針頭和整形手術。「眼皮下垂就像悲傷的狗狗，真可惜，稍微靠外力就有辦法解決，我介紹我的醫生給妳，他是個中翹楚，簡直是妙手回春。看看我，妳看得出來我動過手腳嗎？」絕對看不出來……

有人則是介於兩者之間，猶豫躊躇、拿不定主意。**他們希望借助科技幫忙，卻又害怕換上另一張臉孔**，甚至失去了一點自我。街上、餐廳裡總有些女人額頭皮膚細緻、毫無皺紋，他們看到這些女人總是暗自羨慕，希望自己也有這種勇氣，可惜不然。有些男男女女接受注射肉毒桿菌、玻尿酸或其他填充物，態度輕鬆自然，彷彿只是找朋友去看場電影。有些皮膚科醫生甚至建議顧客二十歲就開始施

打，「早打早好，不要給皺紋一點機會！」

但是到頭來，他們還是不敢跳下水，宣稱自己擔心有害健康；儘管他們一頭痛就隨便亂吃成藥。

這些人為了回春，就會尋找另類方法。

咱們打開天窗說亮話，因為我們很難坐視自己越來越老。

臉部瑜伽
這一系列的動作可以運動臉部肌肉。
有助撫平皺紋、恢復皮膚的彈性和緊實度。

「捏臉按摩」（也就是自我按摩）
用大拇指和食指迅速捏起一塊皮膚，這可以深入深層肌肉，消除疲憊肌膚的皺紋、增添光澤。

減重
吃生鮮蔬果，早上喝檸檬汁加熱水，綠茶也能給皮膚健康光澤。

古美道

這種傳統的日本按摩手法就像自然的拉皮療程。

還能帶來內心的平靜。

氧氣療法

這種療程是用冰冷的氧氣吹到臉上，可以促進血液循環、

細胞再生，皮膚可以更平滑、光亮。

冷療

這種療法用冷空氣冷凍面部神經，促進皮膚緊實、增加

亮度。

妳的皮膚看起來會更光滑。

電波光療

這種雷射療法利用短波產生熱度，深入皮膚的軟組織，刺

激膠原蛋白再生，促進皮膚緊實度。

針灸

這種中國傳統療法對生理、心理都有幫助，可以減緩肌膚

老化。

單身多年

這種時候就很難捱：

● 有朋友宣布生孩子，照片可愛到令妳悲從中來。

● 週日早上，妳獨自躺在床上，不知如何打發這一天。

● 朋友都不敢提起妳的愛情生活。

● 朋友建議妳以他們為例，但是每個人的故事卻那麼截然不同。

● 妳擔心沒有人分享妳自己的精華歲月。

● 本來滿懷希望（甚至穿上最性感的內衣），晚上照樣獨自就寢。

● 就連妳媽都推薦妳下載交友軟體。

● 妳要計畫放假，卻又不想獨自出遊，或是留在滿是小朋友的家裡。

● 就連某某某——以前與妳同甘共苦的單身閨蜜——都有對象了。

這時候又很慶幸：

- 妳發現婚姻生活就像煉獄。

- 妳有空，不必晚上七點就趕回家。

- 妳知道就算全世界男人都死光，妳也不肯和某某某的新男友上床。

- 收到俗氣的寶寶報到卡片。

- 妳覺得就像自己正好好利用最精華的歲月，而且只做妳想做的事情。

- 妳帶了一個這輩子可能不會再見面的對象回家，但當下十分來電。

- 妳不必擬訂度假計畫，因為妳可以去任何地方，臨時出發也沒問題。

正面轉折

就統計數據而言，朋友陪妳進入老年的機率，遠大過現在
睡妳旁邊的那位。所以妳要好好照顧這些老朋友，即使他
們的大嘴巴或死脾氣有時會逼瘋妳……總之，這就是妳的
朋友。當友誼面臨轉折點，妳必須往內心深處尋找某項重
要特質，就是妳的親切善意。

溫暖和仁慈需要時間培養……同時也是照顧自己的方法。

現實情況：

＊朋友過度反應，因為某件無聊小事對妳大吼大叫

  當下的反應：妳想問她，上次親熱是何時。

  親切的反應：不要把對方的敵意放在心上，但要溫柔說
  明，她的語氣頗令人難過。

*朋友再次放妳鴿子

當下的反應：妳告訴她，妳已經警告她多次，這次真的壓垮駱駝。然後在盛怒之下，妳掛了她的電話。

親切的反應：邀約她就要準備Ｂ計畫，才不會浪費一個晚上。現在只要去查明她是因為男人放妳鴿子，或真的是心情低落。

*朋友與妳唱反調

當下的反應：妳與她漸行漸遠，因為要了解彼此實在太困難了，妳們簡直是來自兩個星球。

親切的反應：妳們畢竟有多年的交情，而且這些朋友可以幫我們反思自己的決定，更重要的是，可以幫我們超越成見。

*朋友與妳的男友上床

當下的反應：妳恨死她了，永遠不想再見到她，受傷到了極點。

親切的反應：妳試著理解她這麼做的理由，也許她想表達她對自己的女性魅力沒有安全感？

（別鬧了，朋友跨過那條線，就不必講什麼親切善意了。）

他們說
長大就不一樣了

(才怪)

妳沒有乾淨內褲可穿時就穿上泳褲。

要見重要、或討厭、或兩者兼具的人之前，妳總是喝太多。

只要妳有所求，又重新相信上帝。

妳每次看《遠離非洲》[34]都會痛哭流涕，每次都希望勞勃·瑞福的飛機不要起飛。

妳有個最好的閨蜜，妳愛她勝過其他朋友，而且什麼事都瞞不過她。

妳自己在家看恐怖電影，就算想上廁所也不敢離開房間，直到隔天太陽重新升起。

如果沒先上網查過，妳還是不確定尼采的拼法。

妳早上還是懶得鋪床，也懶得燙床單。

騎單車時，碰到他媽的王八蛋駕駛人超到妳前面，妳罵髒話的狠勁依舊像個卡車司機。

妳依舊喜歡壞男人，儘管妳現在已經學會避開他們。

妳還沒讀《戰爭與和平》，儘管妳假裝讀過。只是這麼多年來，妳已經學會評論得有模有樣。

---

34. Out of Africa，美國電影，改編自丹麥女作家的傳記電影。故事講述女主角從歐洲到當時的英國殖民地肯亞安家置業，結婚又分手，後來又愛上獵人，最後回到歐洲。

當年輕女性說她希望有一天
也能長得像妳一樣，

妳知道
一切都回不去了。

YOU KNOW THINGS AREN'T
WHAT THEY USED TO BE

When a young woman
says she hopes
to look like you
someday.

為何捏陶？

那是個夏日，妳大概十七歲。在巴黎閒晃時，妳走過石子街道，看到轉角有家不尋常的店舖。窗邊吊著枯黃的植物，旁邊還有品味可議的油畫。牆上排著木製品，搖搖晃晃的櫃子上堆著蒙塵的花瓶。妳以為這是藝術家的小屋，要不然就是快倒店的新世紀餐廳。妳透過骯髒的窗戶望進去，看到人影搖曳。一群老人坐在矮凳上，有人呵呵笑，有人屏氣凝神，他們的手裡都轉著看不出形體的物品。妳依稀記起製作父親節禮物的小學美勞課，認定這是陶藝教室。

可憐的人們，他們沒事可做，妳心想。妳邊看邊想著他們神秘的人生，想像他們每天過得多無聊，下午三點三十三分只能選擇做填字遊戲、採買雜貨，或睡午覺。突然之間靈機一動，**有了，就約伊芳和安德烈去玩黏土殺時間吧**。

妳瞄了他們最後一眼，幾乎覺得眼前的景象動人心弦，**妳走開之後心想，父母那一代離開之後，世界會大幅改變**。妳甚至覺得感動，竟然有幸看到最後一批恐龍，因為有件事絕對會發生：就像編織和橋牌，也許一個世紀後，沒有人知道什麼是捏陶。

妳後來就忘了這一刻，遺忘了許許多多事情，歡喜迎接新的千禧年。人生繼續向前行。

＊　＊　＊

有一天，妳和老朋友聚餐，她說她決定辭職。「大家都不肯妥協，知道嗎？公司有各種人事鬥爭。」她要徹底改變生活，致力於發展真正的志向。但她擔心妳會看輕她，因為妳除了是她的知己，也是典型的勢利巴黎人。「老實告訴我，」她說。其實她只是希望得到妳的祝福，不是妳的看法。因為這位出版界的頂尖編輯剛宣布，她要開間陶藝工作室。

妳回答的語調不只意外的高八度，還有種討人厭的鼻音（妳慌張的聲音透露出真實看法。）妳的答覆連妳自己都驚訝：「妳願意收我這種新手嗎？」

＊　＊　＊

這一刻觸發了鮮明記憶……那段記憶當下就像打到下巴的上鉤拳，又重又激烈。妳，那個晴朗夏日的青春女郎，如今已經到了看不出歲數的年紀，現在想到手做盤子、鮮豔釉料和燒窯，竟然興奮地坐立難安。

其實妳已經想了好幾個月。上次妳自願照顧迷上黏土的四歲外甥女，她跑掉之後，妳卻久久無法離開餐桌。那次觸動了某種渴望，妳突然好想加入手作行列，將雙手插進柔軟的黏土中。時空靜止，房間也消失，妳想到《第六感生死戀》的黛咪·摩兒，捏陶也可以很性感。「**噢，我的愛，我的寶貝，我多麼渴望妳的觸碰……**」[35]

此時妳就坐在矮凳上開始上課，撫弄黏土。手指拉順、壓入那團緊實的黏土中，開始感受到類似情慾的快感，＃陶藝色情，妳心想。摸、拉、搗、捏、撫。妳的心跳變慢……身體放鬆……一種溫暖的感覺從腿間慢慢往外蕩漾。無可否認地，妳到姊姊家時本來全身緊繃，後來卻玩黏土玩得不可開交；妳洋溢著奇特又意外的幸福感。儘管皮包裡用衛生紙包的菸灰缸奇醜無比，妳卻覺得幸福快樂。

* * *

妳回想起那個小店，想到窗內那些微笑的陌生人。妳從未想過，他們是集體增進自己的福祉，而且幾乎接近高潮。青春期的妳聽到人們說「老年的樂事」，以為是止痛藥帶來的緩解。妳慶幸年輕時期的自己錯了。

35. 《第六感生死戀》的主題曲歌詞。

人生 智慧

以下是來自前輩對年紀和光陰流逝的貼心提醒。

我們從奶奶或她們朋友口中聽過，在女性名人訪談中讀過。那些建議有時睿智，有時奇怪，有時莫測高深……那些建議留在我們腦海，或是讓我們捧腹大笑。妳也許同意，也許完全不認同，以下建議沒有特別順序。喜歡就聽，不喜歡就拉倒。

「到了一定的年紀，女人只能在臉蛋和屁股之間作抉擇。」
「沒有人可以代替妳入土為安。」
「這是妳的人生。」
「無論妳要爭取什麼，其實就是想鬥爭。」
「年紀越大，光陰流逝得越快。」
「築牆也只能一次砌一塊磚頭。」
「永遠不要拿年齡當藉口。」
「臉上皺紋越多，衣服應該越平整。」
「生日只是比昨天多一天。」
「對妳有害的人就不該留在妳的人生。」

不要為妳沒做過的事情後悔。例如更瘋癲，或是與更多人交往。如果妳沒做，是因為妳當時不想做，也沒準備要做，那就不是妳會做的事情。

當妳寧可早點上床，
免得第二天沒精神，

妳知道
一切都回不去了。

YOU KNOW THINGS AREN'T
WHAT THEY USED TO BE

WHEN YOU'D RATHER
GO TO BED EARLY TO
MAKE THE MOST OF
THE NEXT DAY.

「*你無法停止變老，但你不是非得變老。*」

*

——喬治·伯恩斯 36

36. George Burns（一八九六——一九九六），美國喜劇演員、歌手、作家。

前 戲

他的電話放在床頭櫃。

他正在淋浴。

妳突然有股衝動，妳知道這麼做不對，妳知道不應該……

不幸的是，妳知道他的密碼。

那支該死的手機盯著妳，無恥地呼喚妳的名字。妳雙手發抖，躊躇猶豫。

妳知道那句老話，「玩火者必自焚。」對對對。妳也知道，每次偷看別人的手機，就是煽動爐火，心臟會停好幾拍，甚至玻璃心碎滿地。

怎麼辦？妳想重新埋首看書，可是為時晚矣。妳開始驚慌失措，這種機會不多，如果妳錯失良機呢？妳豎起耳朵聽浴室的聲音，向來實際的妳認定妳有兩分鐘可以進行可恥的調查工作。妳準備按密碼。可是……**可是。**

一秒之間，所有畫面都在妳面前閃過，猶如快轉的電影。

＊輸入密碼之後，妳會心跳加快，可能心臟病發。

＊妳會滑過簡訊、WhatsApp……

＊妳會看到不熟悉的名字。

＊妳會找不尋常的簡訊，試圖回想那晚妳去了哪裡。

＊這時就會看到直接命中要害的訊息。

＊那種感覺就像嗑了藥，或是腎上腺素激增。

＊那就像妳自找苦吃，雖然不明就裡，妳就是想自虐。

＊從那幾句莫名其妙的字句中，妳想像到各種不同場景。

＊妳覺得悲傷，遭到背叛。

＊妳會尖叫地衝進浴室，舉起他的手機給他看。

＊妳會大叫、哭泣、恫嚇威脅。

＊你們會吵上好幾小時，大吵大鬧之後就是生悶氣。

淋浴聲停止。無論妳是否疑神疑鬼，無論是否猜對，妳明白妳早知道這個故事會如何發展，也驕傲地放下手機。

輕鬆度日

顆顆藥丸解難題。這就是妳的座右銘，而且從小就深信不疑。二十歲時，妳吃搖頭丸克服害羞，才能瘋狂跳舞、和性感陌生人親熱。接著幾年，妳把避孕藥換成事後丸（顯然因為妳有時忘了吃前者）。後來開始吃減肥藥，那些藥丸保證讓妳輕鬆擺脫冬天累積的肥肉。只是失望之餘，妳帶著一堆衣服和過胖的大腿去度假。然而妳對藥丸的信仰仍然屹立不搖。

接著就是保健維他命，妳夢寐以求的所有補品都在那些瓶子裡。覺得暴躁、易怒，任何事情包括妳自己都會激怒妳？別說了，一天吃兩次鎂。覺得健忘？盡量補充Omega-3 脂肪酸，可以增強記憶、提高專注力。毛髮日漸稀疏？早晚別忘了吃釀酒酵母。

時間過得越來越快。妳就像瘋狂科學家，調配出各種配方，用絕妙的分子創造出激增的保健食品。妳的藥盒比奶奶的還重，妳知道很快就會拿糖衣藥錠替代晚餐。結果大致令人信服。妳也曾想過，妳可能吞的是一堆安慰劑，但誰在乎？**妳需要藥丸、藥丸、更多的藥丸**，才能讓自己放心。一切都會沒事，妳的態度太極端，妳想用不見得精確的科學控制所有事情，連妳自己都開始厭煩。

有一天，妳聽到真正的病灶。妳最大的毛病就是缺乏意志力，妳希望這些神奇藥丸可以瞬間解決妳的問題。妳想要成功的快感，卻不想忍受付出的痛苦。

妳慢慢接受事實。

一秒後，妳問自己：

有沒有藥丸可以解決這個問題？

母與子

L 對自己的線上身分感到滿意。

她註冊使用 Instagram，還嚴格規定自己：不傳自己的照片（年紀太大，不適合自拍），不拿全家福照片轟炸大家（說真的，**沒有人**在乎）。因此她上傳的照片多半是風景照、文化小提醒，以及設計靈感。她找到平衡，也有幾百人追蹤訂閱，這些人多半與她有類似想法。因此她有幾小時可以盡情偷窺，追蹤陌生人又不必讓人看到她的臉，也不必擔心別人批評。她自以為可以躲過所有網路災難，直到某一天，有個朋友帶著一抹得意的笑容，問她對最新的大消息有何看法。

「什麼消息？」
「妳兒子的女朋友。」
「……」
「妳沒看到照片？」

這則情報交換讓 L 情緒失控：她的兒子，她的小男孩，不僅交了女朋友，還開了 IG 帳號。她不知道他有這個帳號，而且他還接受了她朋友的交友邀請。所以這個朋友可以得知兒子的秘密。她想哭。幸好她強忍住，她知道自己太幼稚，而且反應過度，但她依舊覺得遭到排擠。她在心裡與自己理論，孩子的隱私也該受到尊重。即使他們莫名其妙決定，無論如何都想獨立自主。

她回家，拿本書坐在客廳等長子回來。他進門之後，她抬頭說：

「我不知道你有帳號。」
「什麼？」
「Instagram。」
「喔。」
「我要追蹤你。」
「不要，否則別怪我不理妳的交友邀請。」

砰，意外的上鉤拳，痛徹心肺。他不讓妳進入他的世界。

接下來，L 對這個帳號想了又想，也想著孩子的人生就在她眼皮子底下消逝。她納悶自己是不是搞錯，她原以為自己是孩子可以分享所有事情的超酷媽咪。但是她最常想到的就是她的朋友，那個朋友有權利一窺兒子的世界。
回到家，她鮮少與長子說話。她不是真的氣他，但是她很難不提起這個話題，不如保持沉默。她擔心自己一開口，就不自覺講到 Instagram。小兒子似乎擔心家裡低氣壓籠罩。某天晚上，母子三人一同坐在桌前用餐。大家吃義大利麵時，長子瞪她一眼，然後嘆氣。

「好吧。」
「什麼？」
「我接受妳的邀請。」
「我沒強迫你……」

他翻白眼，起身回房。她和小兒子坐在桌前，不知道長子
為何還不回來。她拿出手機，不斷更新交友邀請的頁面。
什麼也沒有。小兒子搖頭。

「等一下啦。」
「為什麼？」
「他正在清理資料。」
「刪除 po 文嗎？」
「顯然是。」

L 怒火中燒，想立刻衝進兒子房間。她不想逼他展現私下
的生活，她希望他想與帶他來到人世的女人分享人生，希
望他是出於自願。

長子走出房間，坐回桌前。

「好了，我加妳了。」
「我知道你刪除了一些照片。」
「……」
「知道嗎？這是很好的檢驗辦法。不能給母親看的照片，
也許你就不該上傳。」
「……」
「你上傳的照片會跟著你長長久久。」
「媽。」
「什麼？」
「我已經十八歲了。」

當妳發現每天都要上妝，

妳知道
一切都回不去了。

YOU KNOW THINGS AREN'T
WHAT THEY USED TO BE

WHEN YOU
FIND YOURSELF
PUTTING
ON MAKEUP
EVERY DAY.

很合適

不是老古板。

或許眼鏡容易看透，
但她可不是。

她要拓寬視野。

想要改變世界的書呆子。
聖雄甘地是我的偶像。

瑪格麗特·莒哈絲 ₃₇。　　　　她有許多面。

她也有大眼鏡。　　　　帶有暗示的眼鏡：
　　　　　　　　　　　　明確點出妳是人間珍寶。

37. Marguerite Duras（一九一四—一九九六），法國名作家、導演，作品包
　　括改編成電影的《情人》等。

繼子女

法文的繼母是 belle-mère，意思是「美麗的母親」。有點虛偽？這個嘛……有時這個角色很有成就感，也相當值得。有時又讓人恨得牙癢癢，巴不得把孩子……和他們的爸爸一起轟出去！

五味雜陳：

*聽到他們說：「妳不是我媽！」

*有些秘密之所以願意與妳分享，就因為妳不是他們親媽。

*妳最愛的毛衣「被借走」，其實只是藏在衣櫃後面。

*他們的母親比妳能幹一萬倍。

*當妳發現，妳竟然把他們當成親生子女。

*發現他們比妳的親生子女（如果妳有孩子）更不守規矩。

*妳怎麼做都無法博取他們的歡心，其實妳應該幫助他們成熟長大，展望未來。

*妳們如此親密，常有人誤認為妳們是親母女，妳感到無比自豪。

*向他們解釋，不能因為妳不是親媽就對妳出言不遜。

*妳沒預料到他們會為妳做這些小事。

*只要妳一離開他們的父親，孩子就會忘記妳。但是總有一天，儘管已經分手好幾年，他們一定會告訴妳，妳很重要。

長大成人

少女時期，妳清楚知道，只要滿二十八歲，就會長大成人。

妳選定聽起來是正經偶數的二十八歲，一方面是透過刪去法：因為比二十五歲大，那是一世紀的四分之一，也是最後一個「年輕」的生日；到時妳已經不是學生，妳會獨立自主，顯然已經離開父母的家，終於擺脫青春期前的戀曲，也是開始考慮生兒育女的合適年齡。

最重要的就是，妳已經過了父母和兄姊免費壓榨妳的年紀。到時妳就會找到有薪水的真正工作，如果走運，人們會開始聽命於妳、遵從妳的建議。簡而言之，妳可以為自己而活。光想到妳會有駕照，可以獨自留在車裡，那是多大的成就感啊！

這些事情在二十八歲時一定能辦到，到時人們會信任妳，妳不再需要父母允許才能在外面過夜，妳一時興起也能租車去兜風。到時妳可以隨心所欲，不受時間限制，可以如妳所願地睡覺、喝酒、嗑藥、花自己的錢。

換句話說，妳再也不必聽命於別人，終於享有真正的
自由。

* * *

二十八歲之後又過了幾年：

該面對現實了。**人們稱妳女士，而不是小姐**，技術性而言，
妳已經長大，但妳依舊覺得自己像是個等著長大的孩子。

首先，妳沒有駕照。妳打各種零工，勉強只能支付套房房
租，根本沒從事以前夢想的工作。也許有一部分的原因是
因為妳害怕文書工作，拒絕打開妳的電子郵件。一定就是
因為這樣。妳最近的情史也不比高中戀情高明，妳不了解
何謂全心全意，也不明白搭訕文化。妳有時會搞曖昧，結
果遭人拒絕。

原本事事順遂，到底何時開始急轉直下？

諷刺的是，妳二十出頭時非常負責，有時甚至太過嚴肅。
妳決心做到長大成人每件義務，就為了得到妳看重的自

由，例如優異成績、找到工作、別讓父母失望。妳像個現代女性，清晨早早起床，中高階主管偷走妳的創意，妳也絕口不提。妳甚至精確地填好報稅單，自豪對社會至少有象徵性的貢獻。在那間令人愁苦的公寓第一次舉辦喬遷派對，妳看到朋友都帶著低薪人口專屬的熊貓眼，自問：**我長大了？這就是大人的生活？**

等妳三十歲，妳決定顛覆所有常理。妳不虧欠任何人，不想隨波逐流結婚生子。妳就是要反其道而行，整晚抽菸、上網打牌，儘管妳清楚這麼做毫無好處，恐怕還會皮膚蠟黃，甚至得肺癌。妳吃垃圾食物，無視水槽的碗盤越疊越高。妳不再回覆父母擔憂的簡訊，封鎖銀行經理的電話，免得她不斷騷擾妳。妳和壞男人約會，就為了看看會有什麼後果。

況且，人們不是說「現在四十歲就等於以前的三十歲」？妳要活在當下，不想再做白日夢，只想享受每一天。**如果長大成人，表示妳可以決定活得不負責任——放任自己偶爾不守規矩？**

其實三十世代那幾年的過渡期，妳剛好趁機評估周遭每個人。妳認清真相之後，每件事情的輪廓才漸漸明朗。假裝

了解人生意義的人總是一臉肅穆，談著他們自己也不明白的事情，他們只是打扮成大人的孩子，只是穿著套裝、頂著妝容和成熟的髮型、用更難的字彙。一切都是一場空。妳見過老人在超市若無其事地插隊，因為他們再也不想偽裝，也沒有必要。他們終於大膽拿下面具。

妳終於明白，長大成人是以後的事情。

明天再長大吧。

年輕十歲

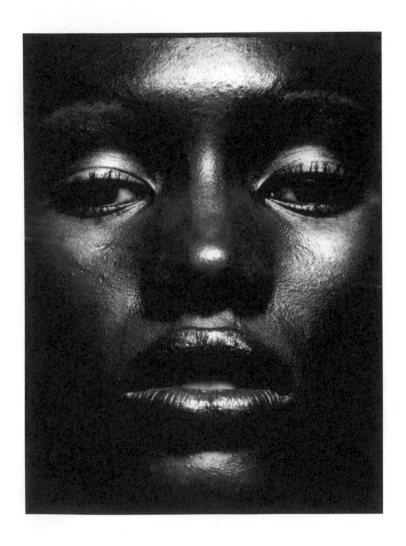

每個法國女學生都會皮耶・德・洪薩[38]的那首詩，開頭是
「親愛的，看看那薔薇⋯⋯」。那首詩講述詩人單戀某位
年輕女子。得不到回應又苦澀的詩人邀請女孩去他的花園
欣賞薔薇，他們在花叢間漫步，鮮花一朵比一朵嬌豔。最
後詩人告訴女孩，薔薇很快就會枯萎，暗示女子，她有一
天也會如明日黃花般又老又醜。到時她就會懊惱，在「嬌
豔如花的青春時期」沒把自己許給詩人。簡而言之，老洪
薩只是為了報復。**我們女孩兒很小就知道，青春美貌稍縱
即逝，我們必須做好準備。**多虧好色的洪薩，或許我們該
感謝他，我們八歲就知道，對抗光陰只是徒勞，那個混帳
東西每次都會贏。然而我們已經有心理準備，所以有充裕
時間好整以暇。也許就是因為這個原因，人們覺得法國女
人老得從容優雅。她們不會瘋狂想著青春永駐，因為她們
從小就知道這場戰爭必輸無疑，所以目標就訂在看起來比
實際年齡年輕。這種差異雖然細微，卻相當重要。

法國女人的目標就是「享受今天的面容，因為妳十年後會
希望擁有這張臉」，所以**她們不在乎看起來是不是二十
歲，只重視看起來比實際年齡小十歲。**她們不會隱瞞自己
的年紀，反而很愛公開，才能享受眾人的反應：「真的假

38. Pierre de Ronsard（一五二四一一五八五），法國情詩詩人。

的？不可能啦！」（有些人甚至故意多報兩歲，才能讓人感覺她們更年輕。）看上去比實際年齡小十歲是法國的全國性競賽，我們隨時努力提高相關技巧——當然，絕對不能讓人看出我們有多拼命。

以下提醒有助妳鍛鍊這門複雜的技術：

* 選擇合身服裝（襯衫、西裝外套）和布料，捨棄寬鬆的剪裁（T 恤、毛衣）。或是混搭，以寬鬆 T 恤搭配合身外套。

* 選擇白襯衫——增添帥氣，棉、麻皆宜——絕對不會錯。

* 顯露頸部線條與鎖骨的完美 T 恤，但請謹慎處理乳溝問題。若隱若現向來更顯風情。

* 無窮無盡的好奇心比新乳房看起來更年輕。

* 保養身體末梢：妳的手（和指甲）、腳（和鞋子）、頭部（和頭髮）。

* 氣色最重要，請花時間好好保養，再加上一抹睫毛膏，
  就可以出門了。

* 拍照記得微笑！這比嘟嘴可愛，隨時都要記得大笑，可
  以拉提臉部肌膚，有天然的拉皮效果。

* 戒菸吧，皮膚會感謝妳。

* 少花時間盯著鏡子，多花時間看別人。

* 讀書，但是別讀洪薩的詩！

* 要有好氣色就得有無懈可擊的好皮膚，就算沒化妝，也
  要每晚卸妝。

* 態度比皮膚緊實度更重要。年輕人不只有緊實的大腿，
  自在、歡樂的精神也很重要。

* 繼續對人、事、物保持好奇心。

* 一杯上等紅酒好過幾杯劣質伏特加。

* 不要曬太陽,投資一頂好帽子和優質防曬霜。因為它們
比價格等同魚子醬的修護乳霜價格更便宜、更有效。

* 過瘦只會讓皮膚黯沉、疲憊、鬆垮。不需要過瘦,否則
可能比實際年齡老十歲。

* 臉部深層按摩可以延緩拉皮的需要。巴黎女人在密友之
間分享按摩師的聯絡方法,那是她們的美容秘訣,也是
長期投資。一月一按摩,整形遠離我。

* 修剪眉毛,不要太常拔,也別放任不理。

* 提防攝取糖分,小心酒精、甜點或汽水中的糖分。糖會
讓臉部鬆垮、一臉倦容。

* 仔細觀察令堂,找出她外觀的缺陷,努力改善。

妳最後
一定能
捱過的事情

- 得不到回報的愛情。

- 生產。

- 寶寶出生後的頭幾個月。

- 妳批評某人的簡訊卻剛好誤傳給對方,那個某人可能不是真正的朋友。

- 疲勞過度──這幾乎是成長過程必經的階段。有此經驗,事業才會開花結果。

- 離婚。

- 極度孤單。

- 戒菸。

- 首字母縮寫刺青,只是妳現在對他毫無印象,只記得這個縮寫。

- 妳最愛的影集全季播畢。

時光暫停
的
巴黎某處

飯店

顏富巴黎鄉間風情 | **HÔTEL DES GRANDES ÉCOLES**
巴黎第五區，75 Rue du Cardinal Lemoine

一八七○年的莊園 | **Hotel LANGLOIS**
巴黎第九區，63 Rue Saint-Lazare

面對杜勒麗花園（一九○○年） | **HÔTEL RÉGINA**
巴黎第一區，2 Place des Pyramide

十九世紀傳統飯店 | **HÔTEL CHOPIN**
巴黎第九區，46 Passage Jouffroy

餐廳

巴黎法式餐館 | **BRASSERIE LIPP**
巴黎第六區，151 Boulevard Saint-Germain

一九三○年代的米其林餐館 | **LA POULE AU POT**
巴黎第一區，9 Rue Vauvilliers

傳統法國菜 | **LE PETIT SAINT BENOIT**
巴黎第六區，4 Rue Saint-Benoit

建於一八九六年的餐館 | **BOUILLON CHARTIER**
巴黎第九區，7 Rue du Faubourg Montmartre

肖蒙山丘公園（Buttes Chaumont park）中的觀景餐廳 |
PAVILLON PUEBLA
巴黎十九區，Parc des Buttes Chaumont, Avenue Darcel

火車站的餐廳（一九○○年） | **LE TRAIN BLEU**
巴黎十二區，Gare de Lyon, Place Louis-Armand

講究美食的餐酒館（一九○○年） | **LE CHARDENOUX**
巴黎第十一區，1 Rue Jules Vallès

古色古香餐酒館 | **LE VERRE À PIED**
巴黎第五區，118 Rue Mouffetard

傳奇中式餐廳 | **LE PRESIDENT**
巴黎第十一區，120 Rue du Faubourg du Temple

適合音樂會後造訪的餐館 | **AU BOEUF COURONNÉ**
巴黎第十九區，188 Avenue Jean Jaurès

在一九三〇年代裝潢風格中享受最棒的庫司庫司 | **CHEZ OMAR**
巴黎第三區，47 Rue de Bretagne

年代悠久的海鮮餐館 | **LE WEPLER**
巴黎第十八區，14 Place de Clichy

在一九〇〇年代建築中的日式餐廳 | **KUNITORAYA 2**
巴黎第一區，5 Rue Villédo

咖啡館

典型的聖日耳曼時髦風格酒吧 | **LE ROUQUET**
巴黎第七區，188 Boulevard Saint-Germain

盧森堡公園附近的咖啡館 | **CAFÉ FLEURUS**
巴黎第六區，2 Rue de Fleurus

美好年代風格茶館 | **ANGELINA**
巴黎第一區，226 Rue de Rivoli

日式甜點暨餐館 | **TORAYA**
巴黎第一區，10 Rue Saint-Florentin

跳蚤市場區有爵士樂可聽的去處 | **LA CHOPE DES PUCES**
122 Rue des Rosiers, Saint-Ouen

酒吧

一九三〇年代的爵士風格 | ROSEBUD
巴黎第十四區，11 Rue Delambre

有百年歷史的紐約風格 | HARRY'S NEW YORK BAR
巴黎第二區，5 Rue Daunou

一九五〇年代風格 | CHEZ CAMILLE
巴黎第十八區，8 Rue Ravignan

搖擺舞廳 | LE CAVEAU DE LA HUCHETTE
巴黎第五區，5 Rue de la Huchette

逛街

販售天然美妝保養品的藥妝店 |
OFFICINE UNIVERSELLE BULY 1803
巴黎第六區，6 Rue Bonaparte

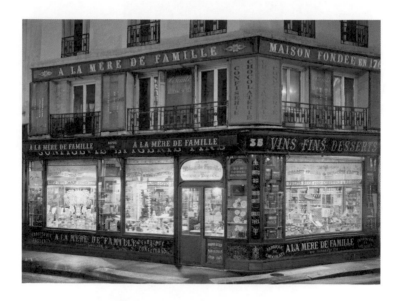

巴黎最時髦的陶瓷商店 | ASTIER DE VILLATTE
巴黎第一區，173 Rue Saint-Honoré

美術書店 | LIBRAIRIE DE NOBELE
巴黎第六區，3 Rue Bonaparte

英文書店暨圖書館 | SHAKESPEARE & COMPANY
巴黎第五區，37 Rue de la Bûcherie

拱廊街商店（一八二六年） | GALERIE VÉRO-DODAT
巴黎第一區，19 Rue Jean-Jacques Rousseau

古董珠寶 | DARY'S
362 Rue Saint-Honoré, 75001 Paris

古董跳蚤市場 | LE MARCHÉ VERNAISON
99 Rue des Rosiers, Saint-Ouen

販售一九二〇年代以降的各種布料 | MARCHÉ SAINT PIERRE
巴黎第十八區，2 Rue Charles Nodier

中東、亞洲雜貨店 | IZRAËL
巴黎第四區，30 Rue François Miron

販售蔬果的傳統巴黎市場（一九二一年） | MARCHÉ MONGE
巴黎第五區，1 Place Monge

室內市場（一八四三年） | MARCHÉ BEAUVAU
巴黎第十二區，Place d'Aligre

奧弗涅省的農產品 | CHEZ TEIL
巴黎第十一區，6 Rue de Lappe

復古甜點店 | LES PETITS MITRONS
巴黎第十八區，26 Rue Lepic

巧克力 | À LA MÈRE DE FAMILLE
巴黎第九區，35 Rue du Faubourg Montmartre

旅遊景點

十八世紀泳池 | PISCINE PAILLERON
巴黎第十九區，32 Rue Edouard Pailleron

俯瞰巴黎的按摩沙龍 | LADDA
巴黎第十區，32 Rue de Paradis

一九二〇年代的電影院 | LE LOUXOR
巴黎第十區，170 Boulevard de Magenta

獨立電影院 | CHRISTINE 21
巴黎第六區，4 Rue Christine

在歌劇院觀賞芭蕾舞 | PALAIS GARNIER
巴黎第九區，Place de l'Opéra

巴黎學生圖書館（一八五一年）|
BIBLIOTHÈQUE SAINTE GENEVIEVE
巴黎第五區，10 Place du Panthéon

西班牙摩爾風格清真寺（一九二二—一九二六年）│
LA GRANDE MOSQUÉE DE PARIS
巴黎第五區，2 bis Place du Puits de l'Ermite

居斯塔夫・莫羅 [39] 工作室│ MUSÉE GUSTAVE MOREAU
巴黎第九區，14 Rue de la Rochefoucauld

雕塑家安托萬・布爾代勒 [40] 公寓│ MUSÉE BOURDELLE
巴黎第十五區，18 Rue Antoine Bourdelle

雕塑家布朗庫西的復刻工作室│ ATELIER BRÂNCUȘI
巴黎第四區，Place Georges Pompidou

39. Gustave Moreau（一八二六—一八九八），法國象徵主義畫家，學生包括馬諦斯等。
40. Antoine Bourdelle（一八六一—一九二九），法國雕塑家、畫家，羅丹的學生。

致謝

感謝：

Shelley Wanger、Susanna Lea、Mark Kessler、Bette Alexander、Pei Loi Koay、Naja Baldwin、Christian Bragg，以及 BLK DNM 的 Johan Lindeberg。

還要感謝：

Angloma、Camille Arnaud、Joseph Belingard、Marc Le Bihan 的 Yoan Benzaquen、貝荷斯特一家、Diane Carcassonne、香奈兒、Philippe Cerboneschi、Diana Chen、契托克一家、Rhizlaine El Cohen、Laurent Fetis、Guy Fischer、Saraï Fiszel、Françoise Gavalda、Kerry Glencorse、Clémentine Goldszal、Honorine Goueth、Alizée Guinochet、Sébastien Haas、Raphaël Hamburger、Lubna Karmitz、Ladda Paris、Yaël Langmann、Rémi de Laquintane、Magdalena Lawniczak、Marc Le Bruchec、Zen 與 Akiro Lefort、樂孚一家、Marc-Edouard Léon、Safe Management 的 Saif Mahdhi、Stéphane Manel、Tessa Manel、瑪斯一家、Jules 與 Arthur Mas、Amanda Messenger、Judith Meyerson、Jacqueline Ngo Mpii、Priscille d'Orgeval、Ryan Ouimet、Lorenzo Païno Fernandez、Bertrand Le Pluard、娜塔莉·波曼、Anton Poupaud、Yarol Poupaud、Elsa Rakotoson、Anne 與 Fabrice Roger-Lacan、Joachim Roncin、Xavier de Rosnay、Lourenço Sant'Anna、Céline Savoldelli、Sou Sinuvong、Studio Zéro、Rodrigo Teixeira、Alix Thomsen、Claire Tran、Camille Vizzavona、Rébecca Zlotowski。

CONTENTS

說說而已

完美逃跑

呼喚美貌

圖片及插畫版權

Model: Caroline de Maigret

118© Caroline de Maigret

122© Caroline de Maigret

Model: Claire Tran

124 © Caroline de Maigret

127, 130 © Heritage Images/Getty Images

133 © Bertrand Le Pluard

Model: Caroline de Maigret

135 © Lorenzo Païno Fernandez

Models: Sophie Mas and Zen Lefort

136 © Stéphane Manel

142 © Magdalena Lawniczak

@body_mirror

Model: Maria Loks-Thompson

149 © Zen Lefort

Model: Sophie Mas

153 © Caroline de Maigret

156–157 © Johan Lindeberg for BLK DNM

Model: Caroline de Maigret

162 Models: Magdalena Lawniczak and Jules Mas

167–173 © Caroline de Maigret

174 © Michael Ochs Archives/Getty Images

Model: David Bowie

176 © Stéphane Manel

178–179 © Yarol Poupaud

182 © Stéphane Manel

188 © Magdalena Lawniczak

Models: Arthur Mas and Jules Mas

194 © recep-bg/Getty Images

198 © Caroline de Maigret

201 © Caroline de Maigret

204© Yarol Poupaud

Model: Caroline de Maigret

208 © Caroline de Maigret

212 © Charles Bonnay/Getty Images

Model: Anouk Aimée

216 © Anne Berest

Model: Tessa Manel

218 © Silver Screen Collection/Getty Images

Models: Steve McQueen and Tuesday Weld

222 © Yarol Poupaud

Model: Caroline de Maigret

224 © Caroline de Maigret

230–231 © Caroline de Maigret

Model: Sophie Mas

232 © Caroline de Maigret

Model: Sophie Mas

234 © Rémi de Laquintane

Model: Caroline de Maigret

239 © Caroline de Maigret

240 Anthony Barboza/Getty Images

Model: Grace Jones

243 © Caroline de Maigret

248–249 © Caroline de Maigret

250 © Hervé Goluza

La Poule au Pot

251 © Thomas Dhellemmes Le Chardenoux

252 © Caroline de Maigret

Café Bonaparte

253 © Caroline de Maigret

Buly

254 © Alexandre Guirkinger

À la Mère de Famille

255 © Caroline de Maigret

Model: Jacqueline Ngo Mpii

256 © Caroline de Maigret

Model: Lubna Playoust

257 © Ladda

國家圖書館出版品預行編目資料

不完美，最完美：寫給所有 30+ 女人的魅力指南
／卡洛琳・狄・梅格赫（Caroline de Maigret），蘇
菲・瑪斯（Sophie Mas）著；林師祺譯. -- 初版. --
臺北市：平安文化，2021.05
面；公分 . –（平安叢書；第 682 種）（CHIC ; 06）
譯自：Older, But Better, But Older

ISBN 978-986-5596-11-8（平裝）

1. 自我實現 2. 生活指導 3. 女性

177.2   110005235

平安叢書第 682 種
CHIC 06

不完美，最完美

寫給所有30+女人的魅力指南

Older, But Better, But Older

© Caroline de Maigret, Sophie Mas, Anne Berest, and
Audrey Diwan, 2019
Complex Chinese edition copyright © 2021 Ping's
Publications, Ltd.
Published by arrangement with Susanna Lea Associates
Through Bardon-Chinese Media Agency
博達著作權代理有限公司
All Rights Reserved.

作　者—卡洛琳・狄・梅格赫，蘇菲・瑪斯
譯　者—林師祺
發 行 人—平雲
出版發行—平安文化有限公司
　　　　　台北市敦化北路 120 巷 50 號
　　　　　電話◎ 02-27168888
　　　　　郵撥帳號◎ 18420815 號
　　　　　皇冠出版社（香港）有限公司
　　　　　香港銅鑼灣道 180 號百樂商業中心
　　　　　19 字樓 1903 室
　　　　　電話◎ 2529-1778　傳真◎ 2527-0904
總 編 輯—龔橞甄
責任編輯—黃雅群
美術設計—嚴昱琳
著作完成日期— 2019 年 12 月
初版一刷日期— 2021 年 05 月

法律顧問—王惠光律師
有著作權 ・ 翻印必究
如有破損或裝訂錯誤，請寄回本社更換
讀者服務傳真專線◎ 02-27150507
電腦編號◎ 556006
ISBN ◎ 978-986-5596-11-8
Printed in Taiwan
本書特價◎新台幣 399 元 / 港幣 133 元

● 皇冠讀樂網：www.crown.com.tw
● 皇冠 Facebook：www.facebook.com/crownbook
● 皇冠 Instagram：www.instagram.com/crownbook1954/
● 小王子的編輯夢：crownbook.pixnet.net/blog